내 인생 첫 번째 스페인어

# 내첫스
# 50패턴
## 스페인어회화

내 인생 첫 번째 스페인어
# 50패턴 스페인어회화

초판 1쇄 발행 2017년 9월 19일
2판 1쇄 인쇄 2023년 12월 12일
2판 1쇄 발행 2023년 12월 31일

| | |
|---|---|
| 지은이 | 루시아김 |
| 발행인 | 임충배 |
| 홍보/마케팅 | 양경자 |
| 편집 | 김인숙 |
| 디자인 | 정은진 |
| 펴낸곳 | 도서출판 삼육오(Pub.365) |
| 제작 | (주)피앤엠123 |

출판신고 2014년 4월 3일
등록번호 제406-2014-000035호

경기도 파주시 산남로 183-25
TEL 031-946-3196 / FAX 031-946-3171
홈페이지 www.pub365.co.kr

ISBN 979-11-92431-37-6 13770
© 2023 루시아김 & PUB.365

내 인생 첫 번째 스페인어

# 내첫스

저자 루시아김

# 50패턴
# 스페인어회화

PUB 율오

# 머리말

'El que busca encuentra.' [엘 께 부스까 엔꾸엔뜨라] '구하는 자는 찾아낸다.'
여러분들께서는 무엇을 위하여 스페인어 교재를 '구하고' 계신가요?

많은 이들이 외국어를 배우는 것에 있어 부담을 느끼고 있지만 사실 언어는 굉장히
즐거운 놀이 중에 하나랍니다. 그리고 그 놀이로써 스페인어를 택하신 여러분께 박수를
쳐 드리고 싶어요. 스페인어는 배우기도 쉽고 알면 알수록 매력적인 언어이기 때문입니다.

여러분들께서 스페인어를 배우실 때 즐거움과 만족감을 느끼실 수 있도록 집필한
이 책은 당장 '한마디'를 직접 해보면서 의사소통의 쾌감을 맛보고 외국인 울렁증을 극복
하는 것으로부터 시작한답니다. 처음부터 '잘 하는 것'에 초점을 맞추면 압박감이 생기지
만 '해보는 것'에 초점을 맞추면 마음이 한결 편해지기 마련!

하지만 한마디를 하더라도 제대로 본인의 것으로 소화하시길 바라는 마음에서 꼼
꼼하고 친절한 설명으로 이해를 돕고 또 배운 것을 확실히 기억해서 끝으로 살을 붙여 응
용하는 부분까지 놓치지 않았답니다.

어떤 목적으로든 전 세계에서 2번째로 가장 많이 사용되는 스페인어를 배우실 때
무엇보다 '재미'가 곁들여지기를 응원합니다! 그리고 그 첫걸음을 책임질 이 책이 여러분
의 든든한 기반이 되어주기를 또 스페인어를 통해 인생의 그 무엇을 '찾아내시기를' 소망
합니다.

마지막으로 저의 힘과 능력과 지혜가 되어 주시는 하나님 아버지의 은혜에 감사드
리며 선하신 아버지께 그 영광을 돌려 드립니다.

# 이 책의 특징

1. 알파벳부터 시작하여 당장 한마디부터 바로 쓸 수 있는 쉽고 활용도 높은 회화책!

2. 패턴 활용을 통해 쑥쑥 자라나는 응용력으로 언제 어디서나 막힘 없는 회화가 목적!

3. 한 마디, 두 마디, 세 마디, 네 마디, 다섯 마디로 회화를 늘려가는 보람과 재미가 듬뿍!

4. '어휘+문법+회화'를 한 방에 잡는 실용도 높은 책으로써 입문자부터 초급자까지 중급 목표!

5. 원어민과 꼭 한번 말하게 되는 주제들로 엄선한 '꼭 말해 회화'로 회화 전투력 상승!

6. 본문 단어의 유의어 및 반의어까지 정리한 스페인어 필수 어휘집으로 기본 어휘 마스터!

본 책은 **한마디부터 다섯마디까지** **차근차근 말할 수** 있도록 구성되었습니다.

학습방법

## STEP 1

스페인어를 배우기 위해 꼭 필요한 지식을 습득합니다.
친절하고 꼼꼼한 루시아쌤의 무료 강의로 완전 정복해보세요.

*QR코드를 스마트폰으로 스캔해보세요.

# INTRO
## 스페인어 필수&기초 지식!

01 알파벳
02 밝음
03 강세
04 인칭
05 명사
06 관사 (부정 관사와 정관사)

**INTRO** 스페인어

### 01. 알파벳 (알파벳 명칭과 특징)

영어의 알파벳과 매우 닮은 스페인어 알파벳! 하더 쉽게 익힐 수 있어요. 5개의 모음 "a[아], e[에]

## STEP 2

학습 목표를 명확히 하고 배울 내용을 예상해보세요.

 **01** **부탁드려요.**
요청

🖌 **포인트 콕!**

• 본격적으로 스페인어 회화를 배우게 될 때 반드시 알아야 하는 por favor(영어 회화의 단어만 알아도 스페인어권 국가에서 무사히 살아남을 수 있다고 하는 만큼, 단 한마디이 상황에서 사용될 수 있습니다. 활용도가 아주 높은 por favor를 제일 먼저 배워보도록 하

## STEP 3

핵심 패턴을 통해 스페인어의 기본 구조와 쓰임을 파악하고 패턴을 암기합니다.

👆 **패턴 꽉!**

• **Por favor.**
뽀르 파보르
제발요. (영어의 please)

단어 • **por** 젭 ~통해, ~따라 (영어의 by, for) • **favor** 몡 호의, 부탁

• **Ayuda, por favor.**
아유다 뽀르 파보르
도와주세요.

단어 • **ayuda** 몡 도움

## STEP 4

추가 어휘 및 문법 설명으로 이해도와 응용력을 향상시켜줍니다.

---

### 🖐 어휘 더하기!

**por favor와 사용하기 좋은 기본 단어 : '~주세요. / ~해주세요. / ~부탁합니다.'**

| (un/el) agua* | 물 | (el) pasaporte | 여권 |
|---|---|---|---|
| (una/la) bebida | 음료 | (un/el) billete | 티켓, 지폐 |
| (una/la) cerveza | 맥주 | (un/el) bolígrafo | 볼펜 |
| (un/el) vino | 와인 | (el) nombre | 이름 |
| (la) cuenta | 계산서 | (el) cambio | 잔돈, 환전 |

---

## STEP 5

패턴을 활용한 다양한 예시들로 폭넓은 쓰임을 살펴보며 스페인어와 친숙해져 보아요.

---

### 문장 패턴

**Un taxi, por favor.**
운    딱시    뽀르    빠보르

택시 부탁드립니다. (택시 불러 주세요)

😊😊 · taxi 冊 택시

---

### 복습 톡톡    암기한 바를 쓰고 소리내어 읽어보아요.

1 도와주세요.

2 메뉴판 주세요.

---

## STEP 6

해당 챕터에 등장한 모든 문장을 적어 보고 읽어보세요.

---

## STEP 7

내 것으로 완전히 소화한 패턴들을 다시 되새기면서 응용해보고 확인해보세요.

---

### 플러스 어휘    제시된 어휘를 참고하여 실력을 쌓아요.

1 조용히 해주세요.

· silencio 침묵, 정숙, 조용함

2 물과 메뉴판을 주세요.

· agua 물 · y 그리고

---

## 어휘 부록

### PART 3 세 마디로 시원하게 말해요!

| Chapter 18. 우리 열심히 공부해요. [ 부사와 색상 표현 ] | | | |
|---|---|---|---|
| 교재에 등장한 어휘 완전 정복! | | 유 · 반의어 등 추가 어휘로 실력 점프! | |
| 단어 | 의미 | 단어 | 의미 |
| amar | 사랑하다 | amor | 사랑 |
| amarillo | 노란색 | naranja | 주황색 |

---

## STEP 8

해당 Part에 등장한 어휘와 추가 유의어, 반의어를 완전 정복하여 실력을 Up~ 시켜보세요.

\* www.pub365.co.kr ···▶ 도서자료실 다운로드

# 목차

# 02장 두 마디로 당당하게 말해요!

# 03장 세 마디로 시원하게 말해요!

# 04장 네 마디로 기막히게 말해요!

# 05장 다섯 마디로 끝내주게 말해요!

# INTRO

## 스페인어 필수&기초 지식!

---

# 스페인어권 세계 속으로!

세계 속의 스페인어

# 01 세계 속의 스페인어

"스페인어는 지구가 멸망할 때까지 사라지지 않을 언어다."라는 말을 들어보신 적 있으신가요?

스페인어는 전 세계 5억 인구가 사용하고 있는 언어로, 세계에서 가장 많이 쓰이고 있는 언어랍니다. 스페인과 중남미 21개국 등 전 세계의 30개국이 지금 이 순간에도 스페인어를 사용하고 있어요.

스페인어를 사용하는 인구가 많다 보니 미국에서는 스페인어를 제2공용어로 인정하여 공교육에서 필수로 가르치기도 해요. 아직 아시아에서는 조금 낯선 언어지만 사실 우리에게 더 친숙한 영어보다도 훨씬 많이 쓰이고 있습니다. 그로 인해 무역, 유통, 건설 등 여러 분야의 우리나라 기업도 스페인어의 필요성을 인지하고 있으며, 스페인어 구사자를 환영하고 있습니다.

우리의 일상에서도 스페인어를 자주 만날 수 있는데요. LG 냉장고 'Dios(디오스)'는 스페인어로 '신'이라는 뜻이고, 'Casa Mia(까사 미아)' 가구점은 '나의 집'이라는 뜻이에요. 또 자동차명 'AVANTE(아반떼)'는 스페인어로 '발전, 전진'이라는 뜻이랍니다. 이 밖에도 스페인어는 우리 일상에서 쓰임이 많은 언어입니다. 스페인어가 가진 이국적인 매력이 이미 우리 생활 깊숙한 곳까지 물들이고 있는 것이지요.

이처럼 쓰임새가 많은 스페인어, 매력적이지 않으신가요? 이제 스페인어의 세계로 첫걸음을 내딛는 여러분 앞에는 전 세계 30개국의 사람들과 의사소통을 할 수 있는 가능성과 찬란하고 매력적인 스페인어권의 문화가 기다리고 있답니다. 정말 멋진 일이에요.

쉽고 재밌고 매력적인 스페인어. 여러분께서도 말할 준비가 되셨나요? 이 책을 따라 한 걸음씩 내딛다 보면 어느새 스페인어의 매력에 푹 빠진 스스로를 발견하실 겁니다. 함께 시작해볼까요?

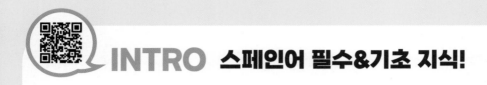

INTRO 스페인어 필수&기초 지식!

## 01. 알파벳 (알파벳 명칭과 특징)

영어의 알파벳과 매우 닮은 스페인어 알파벳! 하지만 스페인어 알파벳은 명칭에 발음이 녹아들어 더 쉽게 익힐 수 있어요. 5개의 모음 "a[아], e[에], i[이], o[오], u[우]"도 단음, 장음 구분 없이 명칭 그대로 소리가 나요. 그럼 자음 22개의 명칭과 비공식 철자 3개의 명칭도 바로 익혀볼까요~?

| 스페인어 공식 철자 | | | |
|---|---|---|---|
| 문자 | | 명칭 | 발음 |
| 대문자 | 소문자 | | |
| A | a | a | [아] |
| B | b | be | [베] |
| C | c | ce | [쎄] |
| D | d | de | [데] |
| E | e | e | [에] |
| F | f | efe | [에페] |
| G | g | ge | [헤] |
| H | h | hache | [아체] |
| I | I | i | [이] |
| J | j | jota | [호따] |
| K | k | ka | [까] |
| L | l | ele | [엘레] |
| M | m | eme | [에메] |

| 스페인어 공식 철자 | | | |
|---|---|---|---|
| 문자 | | 명칭 | 발음 |
| 대문자 | 소문자 | | |
| N | n | ene | [에네] |
| Ñ | ñ | eñe | [에녜] |
| O | o | o | [오] |
| P | p | pe | [뻬] |
| Q | q | cu | [꾸] |
| R | r | ere | [에레] |
| S | s | ese | [에쎄] |
| T | t | te | [떼] |
| U | u | u | [우] |
| V | v | uve | [우베] |
| W | w | uve doble | [우베 도블레] |
| X | x | equis | [엑끼스] |
| Y | y | ye / i griega | [예] / [이 그리에가] |
| Z | z | zeta | [쎄따] |
| 스페인어 비공식 철자 | | | |
| 대문자 | 소문자 | 명칭 | 발음 |
| CH | ch | che | [체] |
| LL | ll | elle | [에예] |
| RR | rr | erre | [에ㄹ레] |

스페인어 알파벳은 소리 나는 대로 발음하면 된다는 큰 장점을 가지고 있습니다. 그러나 발음에 유의해야 할 철자 ñ, g, j, ch, ll, rr 에 주의하세요. 한 끗 차이로 다른 의미가 될 수도 있습니다.

| 스페인어 철자 | | | |
|---|---|---|---|
| 문자 | 명칭 | 발음 | 예시 |
| a | a [아] | ㅏ | amigo [아미고] 친구 |
| b | be [베] | ㅂ | bebé [베베] 아기 |
| c | ce [쎄] | c + a, o, u = 까, 꼬, 꾸<br>c + e, i = 쎄, 씨 | casa [까사] 집<br>cielo [씨엘로] 하늘 |
| ch* | che [체] | ㅊ | churros [츄로스] 츄로스 |
| d | de [데] | ㄷ | domingo [도밍고] 일요일 |
| e | e [에] | ㅔ | enemigo [에네미고] 적 |
| f | efe [에페] | ㅍ | familia [파밀리아] 가족 |
| g | ge [헤] | g + a, o, u = 가, 고, 구<br>g + e, i = 헤, 히<br>gu + e, i = 게, 기<br>gü + e, i = 구에, 구이 | gato [가또] 고양이<br>gemelo [헤멜로] 쌍둥이<br>guerra [게ㄹ라] 전쟁<br>vergüenza [베르구엔싸] 부끄러움 |
| h | hache [아체] | 묵음 | hola [올라] 안녕 |
| i | i [이] | ㅣ | idea [이데아] 생각 |
| j | jota [호따] | ㅎ (거칠게) | Japón [하뽄] 일본 |
| k | ka [까] | ㄲ (외래어 전용) | kilogramo [낄로그라모] 킬로그램 |
| l | ele [엘레] | ㄹ | luna [루나] 달 |
| ll* | elle [에예] | 아, 예, 이, 요, 유 | calle [까예] 길 |

| 스페인어 철자 | | | |
|---|---|---|---|
| 문자 | 명칭 | 발음 | 예시 |
| m | eme [에메] | ㅁ | madre [마드레] 어머니 |
| n | ene [에네] | ㄴ | nieve [니에베] 눈 |
| ñ | eñe [에녜] | 냐, 녜, 니, 뇨, 뉴 | España [에스빠냐] 스페인 |
| o | o [오] | ㅗ | original [오리히날] 본래의 |
| p | pe [뻬] | ㅃ | padre [빠드레] 아버지 |
| q | cu [꾸] | qu + e = 께, qu + i = 끼 | queso [께소] 치즈 |
| r | ere [에레] | ㄹ | rosa [ㄹ로사] 장미 |
| rr* | erre [에ㄹ레] | ㄹ (진동음) | barrio [바ㄹ리오] 구, 구역 |
| s | ese [에쎄] | ㅅ | salsa [살사] 살사춤, 소스 |
| t | te [떼] | ㄸ | todo [또도] 모든, 모든 것 |
| u | u [우] | ㅜ | uva [우바] 포도 |
| v | uve [우베] | ㅂ | violín [비올린] 바이올린 |
| w | uve doble [우베 도블레] | ㅜ (외래어 전용) | whisky [위스키] 위스키 |
| x | equis [엑끼스] | [ks] / [ㅎ] / [ㅅ] | examen [엑사멘] 시험 <br> méxico [메히꼬] 멕시코 <br> xilólofo [실로포노] 실로폰 |
| y | ye [예] / i griega [이 그리에가] | ㅛ | yogurt [요구르뜨] 요거트 |
| z | zeta [쎄따] | ㅆ [θ] | zona [쏘나] 지역 |

* 비공식 철자는 공식 철자에 속하지는 않지만, 스페인어 어휘에 종종 등장하므로 꼭 알아두세요!

| 유사 발음 주의 | | | | |
|---|---|---|---|---|
| 문자 | 명칭 | 발음 | 비교 | 의미 |
| r | ere [에레] | ㄹ | pero [뻬로] | 그러나 (접속사) |
| rr | erre [에ㄹ레] | ㄹ (진동음) | perro [뻬ㄹ로] | 개 (동물) |
| s | ese [에세] | ㅅ | casa [까사] | 집 |
| z | zeta [세따] | ㅆ [θ]* | caza [까싸] [θ] | 사냥 |

\* Z(쎄타)의 경우 스페인에서는 번데기 발음, 중남미에서는 편한 s 발음으로 사용합니다.

**기초다지기 연습**

- 나의 이름과 메일 주소를 스페인어 알파벳 철자로 말해보세요!

( @ arroba [아ㄹ로바] / . punto [뿐또] / - guión [기온] / _ guión bajo [기온 바호])

예시(ejemplo):

Lucia Kim = [엘레, 우, 쎄, 이, 아] [까 이 에메]

luciak01@gmail.com = [엘레, 우, 쎄, 이, 아, 까] [쎄로, 우노] [아ㄹ로바] [헤마일] [뿐또] [꼼]

## 03. 강세 (강세와 억양)

강세 법칙은 "n, s, 모 = 뒤, 두, 모" 법칙만 암기해도 거뜬해요~!

### 스페인어의 강세 법칙

1. –n/s/모음: 뒤에서 두 번째 모음에 강세가 형성

    예 bebida [bebída] 음료 : 뒤에서 두 번째 모음인 i에 악센트

2. 1번의 경우를 제외한 나머지: 마지막 모음에 강세가 형성

    예 hotel [hotél] 호텔 : 마지막 모음인 e에 악센트

3. 불규칙은 강세 표시 삽입

    예 café 커피 : 원래는 a에 강세가 들어가야 하지만 불규칙이기 때문에 강세 표시 삽입

4. 한 단어에 모음이 붙어 있을 때: 개모음(a, e, o)에 강세가 형성 (폐모음 i, u)

    예 reina [réina] 여왕 : 뒤에서 두 번째 모음 ei 중에서 개모음 e에 악센트

---

### 기초다지기 연습

· 다음의 스페인어 속담들을 강세를 살려서 읽는 연습을 해 보세요.

| 1 | Más vale tarde que nunca. | 하지 않는 것보다 늦게라도 하는 것이 가치 있다. |
| 2 | A grandes males, grandes remedios. | 하늘이 무너져도 솟아날 구멍은 있다. |
| 3 | Cuando hay voluntad hay manera. | 뜻이 있는 곳에 길이 있다. |
| 4 | Donde todos mandan, nadie obedece. | 사공이 많으면 배가 산으로 간다. |
| 5 | Dos cabezas piensan mejor que una. | 백지장도 맞들면 낫다. |

---

### 정답

1 Más vále tárde qué núnca. [마스 발레 따르데 께 눈까]

2 A grándes máles, grándes remédios. [아 그란데스 말레스, 그란데스 ㄹ레메디오스]

3 Cuándo háy voluntád, háy manéra. [꽌도 아이 볼룬딷 아이 마네라]

4 Dónde tódos mándan, nádie obedéce. [돈데 또도스 만단 나디에 오베데쎄]

5 Dós cabézas piénzan mejór qué úna. [도스 까베싸스 삐엔산 메호르 께 우나]

· 19

스페인어에는 한국어처럼 존칭이 있어요. 6개의 인칭 중에서 3인칭이 존댓말에 속한답니다. '너, 당신' 모두 2인칭이지만(영어의 you처럼) 문법적으로 구별해주기 위해 '당신'이라는 존칭은 '그 · 그녀'와 같은 3인칭에 속해있어요.

| 스페인어 인칭 | | | | |
|---|---|---|---|---|
| 단수 | 1인칭 | yo | [요] | 나 |
| | 2인칭 | tú | [뚜] | 너 |
| | 3인칭 | él, ella, usted | [엘, 에야, 우스뗃] | 그, 그녀, 당신 |
| 복수 | 1인칭 | nosotros / as | [노소뜨로스/노소쁘라스] | 우리(들) |
| | 2인칭 | vosotros / as | [보소뜨로스/보소쁘라스] | 너희(들) |
| | 3인칭 | ellos, ellas, ustedes | [에요스, 에야스, 우스떼데스] | 그들, 그녀들, 당신들 |

### 1. tú (너)와 usted (당신)의 비교

스페인어 인칭에는 웃어른, 상사, 선생님 등을 대할 때 사용하는 존칭형 usted가 존재합니다. usted는 약어 ud.로도 사용하며 읽을 때는 똑같이 [우스뗃]으로 발음합니다. 스페인 현지에서는 존칭을 사용해야 할 때도 친밀함의 표현으로 tú를 사용하는 경우가 많다는 것을 알아두세요.

### 2. vosotros (너희)와 ustedes (당신들)의 비교

스페인에서는 때와 상황에 따라 반말 vosotros (너희)와 존칭 ustedes (당신들) 둘 다 사용하지만, 중남미에서는 vosotros (너희)를 사용하지 않고 ustedes (당신들)로 대체하여 사용하는 것이 큰 특징입니다. 쉽게 말해, 중남미 문법에서는 2인칭 복수형이 존재하지 않는다는 것을 기억해주세요.

• 아래의 주격대명사 인칭을 스페인어로 써보아요.

1) 나

_____

2) 너

_____

3) 그

_____

4) 그녀

_____

5) 당신

_____

6) 나와 María

_____

7) 너와 Juan

_____

8) Ana 와 José

_____

9) María와 Ana

_____

10) 당신과 José

_____

## 05. 명사 (명사의 성과 수)

스페인어 명사는 성(性)을 가지고 있어요! 명사를 남성과 여성으로 구별합니다. 크게 보면, 생물학적인 성과 문법적인 성으로 분류할 수 있어요. 또한 명사의 수(數)를 단수와 복수로 구분합니다.

1. 생물학적인 성

 1) -o로 끝나는 남성 명사의 어미는 –a로 바뀌어 여성 명사가 된다.
  예 (el) niño 남자 어린아이 – (la) niña 여자 어린아이

 2) 자음으로 끝나는 남성 명사는 어미에 –a를 첨가해 여성 명사가 된다.
  예 (el) doctor 남자 의사 – (la) doctora 여자 의사

 3) 2번의 경우에서, 불규칙한 변화를 하는 단어들도 있다.
  예 (el) actor 남자 배우 – (la) actriz 여자 배우

 4) 남성과 여성의 형태가 전혀 다른 명사들도 있다.
  예 (el) hombre 남자 – (la) mujer 여자

 5) 남성과 여성의 형태가 같은 명사들은 관사로 성을 구별한다.
  예 (el) dentista 남자 치과 의사 – (la) dentista 여자 치과 의사

2. 문법적인 성

 1) –o로 끝나는 명사는 대부분 남성이며 –a로 끝나는 명사는 대부분 여성이다.
  예 (el) libro 책: 남성 명사 - (la) casa 집: 여성 명사

 2) 1번의 경우에 정반대되는 예외적인 경우의 명사들도 있다.
   ① -o로 끝나지만 여성 명사: (la) mano 손, (la) foto 사진, (la) moto 오토바이, (la) radio 라디오

   ② -a로 끝나지만 남성 명사: (el) idioma 언어, (el) mapa 지도, (el) clima 기후, (el) día 날, 낮

 3) 2의 ②번과 같이, -ma 혹은 -ón으로 끝나면 대부분 남성 명사들이다.
  예 (el) programa 프로그램, (el) sistema 시스템, (el) limón 레몬, (el) corazón 심장

 4) –d, -l, -z, -ie, -umbre, -ción, -sión, -tión, -xión 으로 끝나는 명사들은 대부분 여성 명사들이다.
  예 (la) ciudad 도시, (la) sal 소금, (la) luz 빛, (la) superficie 표면, (la) costumbre 풍습,
   (la) atención 주의, (la) comprensión 이해, (la) cuestión 문제, (la) conexión 연결.

5) 형태는 같으나 관사에 따라 의미가 달라지는 명사들이 있다.
    예 (el) capital 자본 – (la) capital 수도, (el) orden 질서 – (la) orden 명령

## 3. 명사의 단수와 복수

1) 어미가 모음으로 끝났을 때 –s를 붙이면 복수가 된다.
    예 (el) coche 자동차           (los) coches 자동차들
       (la) mesa 책상              (las) mesas 책상들

2) 어미가 모음으로 끝났어도 강세가 있거나 자음으로 끝날 때는 –es를 붙인다.
    예 (el) bambú 대나무           (los) bambúes 대나무들
       (la) ciudad 도시            (las) ciudades 도시들

3) –z로 끝나는 단어는 –ces, -c로 끝나는 단어는 –ques로 복수를 만든다.
    예 (el) lápiz 연필             (los) lápices 연필들
       (el) frac 연미복            (los) fraques 연미복들

4) 단수와 복수가 동일한 형태의 명사들은 관사로 수를 구분한다.
    예 (el) paraguas 우산          (los) paraguas 우산들
       (el) lunes 월요일           (los) lunes 월요일마다

5) 단수형이 없고 항상 복수형으로만 쓰이는 명사들이 있다.
    예 las gafas 안경, las tijeras 가위, las vacaciones 방학,
       los guantes 장갑, los pantalones 바지

**기초다지기 연습**

• 아래의 남성명사들을 여성형으로 바꿔보세요.
    1 chico 남자 아이        ⇨        여자 아이: _____.
    2 muchacho 소년         ⇨        소녀: _____.
    3 profesor 남선생님       ⇨        여선생님: _____.
    4 hombre 남자           ⇨        여자: _____.

**정답**

1 chica    2 muchacha    3 profesora    4 mujer

## 06. 관사 (부정 관사와 정관사)

스페인어 관사는 크게 '무관사, 부정관사, 정관사'로 분류할 수 있어요. 무관사는 관사가 없이 사용되는 경우인데, 주로 사전적인 의미만을 표현할 때 사용이 됩니다. 즉, 무관사보다는 부정관사가 좀 더 한정적인(제한적인) 의미를 갖게 되고, 부정관사보다는 정관사가 더 한정적인 의미를 갖게 된다고 볼 수 있습니다.

| 관사 | 부정관사 | | 정관사 | |
|------|------|------|------|------|
| 구분 | 단수 | 복수 | 단수 | 복수 |
| 남성 | un | unos | el | los |
| 여성 | una | unas | la | las |

### 1. 부정관사

정해지지 않은 관사로서 처음 언급되거나 명확하지 않을 때 사용한다. 복수로 사용될 경우, '몇몇의, 약간의' 등의 의미로 사용된다.

예 un muchacho 한 소년 – unos muchachos 몇몇의 소년들

### 2. 정관사

정해져 있는 관사로서 서로 간에 명확히 알고 있을 경우나 통칭적인 의미로 사용된다.

예 el árbol 그 나무, 나무(통칭) – los árboles 그 나무들, 나무들(통칭)

### 3. 부정관사와 정관사의 비교

예 una casa bonita    예쁜 한 채의 집      la casa bonita    그 예쁜 집

    unas casas bonitas    예쁜 몇 채의 집      las casas bonitas   그 예쁜 집들

### 4. a나 ha로 시작되는 여성 명사들 중 해당 부분에 강세를 가진 명사들은 남성 관사를 빌려 사용한다. 그러나, 복수의 경우에는 다시 본래의 여성 관사 복수형을 사용한다.

예 el agua 물 – las aguas 물, el hacha 도끼 – las hachas 도끼들 (부정관사도 동등하게 변화)

- 빈칸에 알맞은 관사를 넣어보세요.

① (　　　　　) silla grande.  그 큰 의자.

② (　　　　　) libro antiguo.  한 오래된 책.

③ (　　　　　) café, por favor.  커피 한 잔 주세요.

④ (　　　　　) flores fragantes.  그 향기로운 꽃들.

⑤ (　　　　　) mujer guapa.  한 예쁜 여자.

⑥ (　　　　　) chicos simpáticos.  몇몇 성격 좋은 아이들.


- 다음의 명사들을 (부정/정)관사를 포함하여 복수로 바꾸어 보아요.

⑦ amigo 친구　　　　　　　⇨　　(　　　　　　　　　　)

⑧ casa 집　　　　　　　　　⇨　　(　　　　　　　　　　)

⑨ señor 씨, 군, 선생님 (호칭)　⇨　　(　　　　　　　　　　)

⑩ artista 예술가　　　　　　⇨　　(　　　　　　　　　　)

⑪ corazón 심장, 마음　　　　⇨　　(　　　　　　　　　　)

⑫ cruz 십자가, 교차로　　　　⇨　　(　　　　　　　　　　)

## 07. 형용사 (형용사의 위치와 종류)

스페인어 명사가 성(性)과 수(數)를 가지고 있기에, 명사를 수식하는 형용사 또한 성(性)과 수(數)를 가지고 있어요. 스페인어 형용사는 주로 명사 뒤에 위치하여 명사를 수식해주고, 형용사의 종류는 크게 품질형용사와 한정형용사로 나누어 볼 수 있답니다.

### 1. 형용사의 성 · 수 변화

1) −o로 끝나는 형용사는 수식하는 명사의 성 · 수에 따라 −o, -os, -a, -as로 변화한다.

| 남성 | chico | guapo | 잘생긴 남자아이 |
|---|---|---|---|
| 여성 | chica | guapa | 예쁜 여자아이 |

2) −o 이외의 어미로 끝나는 형용사(대부분 −e로 끝남)는 수식하는 명사의 수만 변화한다.

| | 남성 | chico | inteligente | 똑똑한 남자아이 |
|---|---|---|---|---|
| 단수 | 여성 | chica | inteligente | 똑똑한 여자아이 |
| 복수 | 남성 | chicos | inteligentes | 똑똑한 남자아이들 |
| | 여성 | chicas | inteligentes | 똑똑한 여자아이들 |

3) 명사의 성질과 상태를 수식하는 품질형용사는 대체적으로 명사 뒤에서 수식한다.

  예 새 책: nuevo libro (X) , libro nuevo (O)

4) 숫자, 소유, 지시 등을 표현하는 한정형용사는 명사의 앞에서 수식한다.

  예 두 권의 책: dos libros (O), libros dos (X)

5) 몇몇 형용사는 위치에 따라 의미가 달라진다.

| una mujer pobre | 가난한 여인 | una pobre mujer | 불쌍한 여인 |
|---|---|---|---|
| una amiga vieja | 나이든 여자인 친구 | una vieja amiga | 오래된 여자인 친구 |

### 기초다지기 연습

- **아래의 단어구들을 복수로 만들어 보세요.**

① libro interesante 흥미로운 책 : 흥미로운 책들 _____.

② mujer linda 귀여운 여인: 귀여운 여인들 _____.

③ lápiz verde 초록색 연필: 초록색 연필들 _____.

④ palabra divertida 재밌는 말: 재밌는 말들 _____.

⑤ estudiante alto 키가 큰 학생: 키가 큰 학생들 _____.

성(性)과 수(數)를 가지는 스페인어 명사! 그리고 명사 앞에서 명사의 성격을 좀 더 구체화해주는 관사! 명사 뒤에서 수식하는 스페인어 형용사! 이렇게 한 세트의 모습 다시 말해, '관사+명사+형용사'가 하나의 세트로 움직이는 것을 스페인어의 '성 · 수 일치 법칙'이라고 부른답니다.

| 스페인어의 성 · 수 일치 법칙 | | | | | |
|---|---|---|---|---|---|
| 구분 | 부정관사 | 정관사 | 명사 | 형용사 | 의미 |
| 단수 | un | el | amigo | guapo | 한/잘생긴 |
| | una | la | amiga | guapa | 한/예쁜 |
| 복수 | unos | los | amigos | guapos | 몇몇/잘생긴 |
| | unas | las | amigas | guapas | 몇몇/예쁜 |

## 기초다지기 연습

• 다음 〈보기〉의 어휘들을 보고 성 · 수 일치에 옳도록 아래의 빈칸을 완성해 보세요.

--- 보기 ---

mochila 배낭　　recuerdo 기억　　ropa 옷　　nombre 이름　　lindo 매력적인

colorido 알록달록한　　precioso 소중한　　inolvidable 잊혀질 수 없는

6 매력적인 옷 한 벌 : _____.

7 그 잊혀질 수 없는 이름 : _____.

8 몇몇 알록달록한 배낭들 : _____.

9 그 소중한 추억들 : _____.

## 정답

① libros interesantes　② mujeres lindas　③ lápicez verdes　④ palabras divertidas

⑤ estudiantes altos　⑥ una ropa linda　⑦ el nombre inolvidable　⑧ unas mochilas coloridas

⑨ los recuerdos preciosos

‘스페인어의 꽃’이라고 불리는 동사 변화! 1, 2, 3인칭 단수형과 복수형으로 총 6개의 인칭에 따라 동사 변화를 해요. -ar, -er, -ir형 세 개의 동사군에 따라 변화를 하는데요. 각각의 [아, 에, 이] 소리에 집중해서 보면 어렵지 않게 익힐 수 있어요. 동사에 인칭이 녹아들어 있기 때문에 주로 주어는 생략된다는 점도 기억해주세요.

| 구분 | -ar형 동사 | -er형 동사 | -ir형 동사 | 불규칙 동사 |
|---|---|---|---|---|
| 인칭 | hablar (말하다) | comer (먹다) | vivir (살다) | ir (가다) |
| yo | hablo | como | vivo | voy |
| tú | hablas | comes | vives | vas |
| él / ella / ud. | habla | come | vive | va |
| nosotros/as | hablamos | comemos | vivimos | vamos |
| vosotros/as | habláis | coméis | vivís | vais |
| ellos / ellas / uds. | hablan | comen | viven | van |

1. -ar형 동사 (제 1 변화 규칙 동사)

어미가 -ar로 끝나면서 규칙적으로 변화하는 동사들은 -o, -as, -a, -amos, -áis, -an의 어미 변화라는 공통된 틀을 가지고 있습니다. 즉, 어미 -ar를 떼어낸 자리에 어미 변화를 넣어주시면 됩니다. 이 동사군에 속하는 대표적인 동사들로는 cantar(노래하다), comprar(사다), desear(바라다), preguntar(질문하다), estudiar(공부하다), preparar(준비하다), visitar(방문하다) 등이 있습니다.

예 Hablo español.　　　　　나는 스페인어를 말한다.
　　Hablas chino.　　　　　너는 중국어를 말한다.
　　Habla inglés.　　　　　그/그녀/당신은 영어를 말한다.
　　Hablamos francés.　　　우리는 프랑스어를 말한다.
　　Habláis japonés.　　　너희들은 일본어를 말한다.
　　Hablan coreano.　　　　그들/그녀들/당신들은 한국어를 말한다.

## 2. –er형 동사 (제 2 변화 규칙 동사)

어머 –er로 끝나는 규칙 동사의 어미 변화는 –o, -es, -e, -emos, -éis, -en입니다. 즉, -ar 동사의 어미 변화에서 –a 소리를 –e 소리로만 바꿔주시면 됩니다. 이 동사군에 속하는 대표적인 동사들로는 aprender (배우다), beber (마시다), creer (믿다, 생각하다), deber (~해야 한다), vender (팔다) 등이 있습니다.

| 예 | Como pan. | 나는 빵을 먹는다. |
| | Comes carne. | 너는 고기를 먹는다. |
| | Come pescado. | 그/그녀/당신은 생선을 먹는다. |
| | Comemos frutas. | 우리는 과일을 먹는다. |
| | Coméis ensaladas. | 너희들은 샐러드를 먹는다. |
| | Comen yogurt. | 그들/그녀들/당신들은 요구르트를 먹는다. |

## 3. –ir형 동사 (제 3 변화 규칙 동사)

제 3변화 규칙 동사 –ir형 동사의 어미 변화는 –o, -es, -e, -imos, -ís, -en 이다. 즉, -er 동사 변화에서 1인칭 단수와 2인칭 복수의 –e 소리가 –i 소리로 변화한다는 사실만 잘 기억하면 된다. –ir형의 대표적인 동사들로는 abrir (열다), escribir (쓰다), recibir (받다), partir (출발하다), subir (오르다) 등이 있습니다.

| 예 | Vivo en Corea. | 나는 한국에 산다. |
| | Vives en Seúl. | 너는 서울에 산다. |
| | Vive en Inglaterra. | 그/그녀/당신은 영국에 산다. |
| | Vivimos en Estados Unidos. | 우리는 미국에 산다. |
| | Vivís en Santiago. | 너희들은 산티아고에 산다. |
| | Viven en Perú. | 그들/그녀들/당신들은 페루에 산다. |

### 기초다지기 연습

* 인칭대명사에 맞게 규칙 동사변화를 해주세요.

1 Nosotros _____(hablar: 말하다) español. 우리는 스페인어를 말한다.

2 Yo _____(comer: 먹다) pan rico. 나는 맛있는 빵을 먹는다.

3 ¿Vosotras _____(vivir: 살다) en Seúl? 너네 서울에 사니?

4 ¿Tú _____(cantar: 노래하다) bien? 너 노래 잘하니?

5 ¿Ellos _____(aprender: 배우다) español? 그들이 스페인어를 배우니?

6 Ella _____(escribir: 쓰다) una carta. 그녀가 편지 한 통을 쓴다.

### 정답

1 hablamos    2 como    3 vivís    4 cantas    5 aperenden    6 escribe

불규칙 동사는 -ar, -er, -ir 각 동사군의 규칙 어미 변화는 유지하면서 중간 모음 철자만 변화하는 형태가 대부분입니다. 더불어, 불규칙 동사여도 1인칭 복수형과 2인칭 복수형은 규칙 변화를 따르며 불규칙으로 변하지 않습니다.

1. 어간모음 –e–가 –ie–로 변하는 동사

| pensar 생각하다 | perder 잃다 | sentir 느끼다 |
|---|---|---|
| pienso | pierdo | siento |
| piensas | pierdes | sientes |
| piensa | pierde | siente |
| pensamos | perdemos | sentimos |
| pensáis | perdéis | sentís |
| piensan | pierden | sienten |

2. 어간모음 –o–가 –ue–로 변하는 동사

| contar 이야기하다 | mover 움직이다 | dormir 자다 |
|---|---|---|
| cuento | muevo | duermo |
| cuentas | mueves | duermes |
| cuenta | mueve | duerme |
| contamos | movemos | dormimos |
| contáis | movéis | dormís |
| cuentan | mueven | duermen |

3. 어간모음 –e–가 –i–로 변하는 동사, –i–가 –ie–로 변하는 동사 (–IR형 동사에만 존재)
   –u–가 –ue–로 변하는 동사 (jugar 동사 유일)

| –e–가 –i–로 변하는 –IR형 동사 | –i–가 –ie–로 변하는 –IR형 동사 | -u-가 -ue-로 변하는 동사 |
|---|---|---|
| pedir 이야기하다 | adquirir 획득하다 | jugar 스포츠 하다, 놀다 |
| pido | adquiero | juego |
| pides | adquieres | juegas |
| pide | adquiere | juega |
| pedimos | adquirimos | jugamos |
| pedís | adquirís | jugáis |
| piden | adquieren | juegan |

4. 완전 불규칙 형태로 간주되는 동사

예 Ir(가다): voy - vas - va - vamos - vais - van.

| | |
|---|---|
| Voy a la casa. | 나는 집에 간다. |
| Vas a la escuela. | 너는 학교에 간다. |
| Va a la biblioteca. | 그/그녀는 도서관에 간다. |
| Vamos a la iglesia. | 우리는 교회에 간다. |
| Vais al restaurante. | 너희들은 레스토랑에 간다. |
| Van al bar. | 그들/그녀들/당신들은 바에 간다. |

## 기초다지기 연습

• 괄호안의 단어를 인칭대명사에 맞게 불규칙 동사변화를 해주세요.

1. Él _____ a la iglesia. 그는 교회에 간다. (ir: 가다)

2. Elena y Miguel _____ juntos. 엘레나와 미겔은 함께 이야기한다. (contar: 이야기하다)

3. Los gatos _____ lentamente. 고양이들이 천천히 움직인다. (mover: 움직이다)

4. Yo _____ bien en el parque. 나는 공원에서 잘 잔다. (dormir: 자다)

5. Los jugadores _____ al fútbol. 선수들이 축구를 경기한다. (jugar: 경기하다)

6. ¿En qué _____ usted? 당신은 무엇을 생각하시나요? (pensar: 생각하다)

정답

1 va        2 cuentan        3 mueven        4 duermo        5 juegan        6 piensa

# 스페인어권 세계 속으로!

언어는 그 언어를 쓰는 사람들의 문화를 포함하고 있습니다. 스페인어를 배운다면 스페인어권을 대표하는 축제를 빼놓을 수 없어요. 특히 스페인어 문화권의 축제는 전 세계적으로도 유명하답니다. 대표적인 축제 몇 가지를 여러분께 소개해 드리려고 해요.

### 스페인의 토마토 축제 (La Tomatina)

스페인의 3대 축제로는 '산 페르민 축제(San Fermin)', '라스 파야스(Las Fallas)', '토마토 축제(La Tomatina)'가 있어요. 그중에서도 가장 널리 알려진 축제가 서로에게 새빨간 토마토를 던지는 토마토 축제입니다. 스페인의 뜨거운 열정을 대변해주는 듯, 빨간 토마토에 온몸이 뒤덮인 모습은 마치 우리나라의 머드 축제와 비슷한 느낌을 주는데요. 토마토 축제의 기원은 무엇일까요?

토마토 축제의 기원에 대해서는 많은 설이 있지만, 그중에서도 가장 신뢰할만한 것은 1945년 스페인 부뇰 지방의 '거인과 머리' 민속 축제로부터 비롯되었다는 설입니다. '거인과 머리' 축제에는 커다란 머리를 가진 종이 인형을 들고 행렬하는 순서가 있었는데, 축제 중에 청소년들이 노점에 있던 채소를 던지며 싸움을 하게 됐고, 경찰의 배상 요구에 이후의 싸움에서는 토마토를 던지며 싸우게 됐던 것이 시초였다고 해요. 개인적인 싸움이 커다란 축제가 되었다니 신기하죠?

토마토 축제의 매력은 서로 토마토를 던지기도, 맞기도 하면서 함께 즐거워하는 데 있어요. 자칫 고통일 수도 있는 그 순간을 웃으며 즐기는 스페인의 긍정적인 분위기와 열정이 느껴지시나요?

## 스페인과 중남미의 대표 축제

### 아르헨티나의 벤디미아 축제 (La Vendimia)

이번에는 아르헨티나의 대표 축제인 '벤디미아 축제(La Vendimia)'에 대해 알아볼까요? 매년 3월 초 멘도사 지역에서 개최되는 벤디미아 축제는 한 마디로 '포도 수확 축제'입니다. 이 지역의 독특한 포도 품종인 말벡의 수확을 축하하기 위한 것인데요. 다채로운 공연으로 즐거움을 주기에 중남미 전역에서 이 축제에 참여하기 위해 모인답니다.

축제의 하이라이트는 '벤디미아 여왕'을 선발하는 이벤트인데요. '포도 아가씨' 선발대회의 남다른 버전이랄까요? 각 지역을 대표하는 미인 중 최종 선발된 벤디미아 여왕(Reina)는 1년 동안 멘도사 와인의 홍보대사로 명예와 인기를 누리게 된답니다.

축제기간 동안 생산된 와인은 'Vendimia'라는 이름으로 전 세계에 유통됩니다. 물론 우리나라에서도 찾아볼 수 있어요. 특별한 날, 지인에게 '피에스타(Fiesta, 축제)'의 향기가 가득한 선물로 센스를 뽐내면 어떨까요?

# 01장

## 한 마디로 자신 있게 말해요!

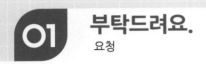

# 01 부탁드려요.
요청

- 본격적으로 스페인어 회화를 배우게 될 때 반드시 알아야 하는 **por favor**(영어 회화의 **please**)! 이 단어만 알아도 스페인어권 국가에서 무사히 살아남을 수 있다고 하는 만큼, 단 한마디이지만 다양한 상황에서 사용될 수 있습니다. 활용도가 아주 높은 **por favor**를 제일 먼저 배워보도록 해요!

## 패턴 꽉!

- **Por favor.**
  뽀르   파보르

  제발요. (영어의 please)

  > 단어 · **por** 전 ~통해, ~따라 (영어의 by, for)   · **favor** 명 호의, 부탁

- **Ayuda, por favor.**
  아유다   뽀르   파보르

  도와주세요.

  > 단어 · **ayuda** 명 도움

## 어휘 더하기!

por favor와 사용하기 좋은 기본 단어 : '~주세요. / ~해주세요. / ~부탁합니다.'

| (un/el) agua* | 물 | (el) pasaporte | 여권 |
|---|---|---|---|
| (una/la) bebida | 음료 | (un/el) billete | 티켓, 지폐 |
| (una/la) cerveza | 맥주 | (un/el) bolígrafo | 볼펜 |
| (un/el) vino | 와인 | (el) nombre | 이름 |
| (la) cuenta | 계산서 | (el) cambio | 잔돈, 환전 |

\* 여성명사이지만 남성관사를 빌려쓰는 경우 : 1) a/ha로 시작 2) 여성단수형 3) 첫 음절에 강세

\*\* 정관사로만 사용되는 단어는 문맥상 정해져 있는 대상인 경우입니다.

## Un taxi, por favor.
운 　 딱시 　 뽀르 　 파보르

택시 부탁드립니다. (택시 불러 주세요)

· taxi 명 택시

## El menú, por favor.
엘 　 메누 　 뽀르 　 파보르

메뉴판 부탁드립니다. (메뉴판 주세요)

· menú 명 메뉴, 메뉴판

## El pasillo, por favor.
엘 　 빠시요 　 뽀르 　 파보르

통로로 부탁해요. (좌석 등)

· pasillo 명 통로, 복도

## Otra vez, por favor.
오뜨라 　 베쓰 　 뽀르 　 파보르

다시 한 번 부탁드립니다.

· otro 형 다른 　 · vez 명 번

## Por aquí, por favor.
뽀르 　 아끼 　 뽀르 　 파보르

이쪽으로 부탁드립니다.

· por 전 ~쪽으로 　 · aquí 부 여기, 이곳

## Un momento, por favor.
운 　 모멘또 　 뽀르 　 파보르

잠시만 부탁드립니다. (잠깐만요 등)

· momento 명 잠깐, 잠시

암기한 바를 쓰고 소리내어 읽어보아요.

**1** 도와주세요.

_____

**2** 메뉴판 주세요.

_____

**3** 다시 한번 말씀해주세요.

_____

**4** 이름을 말씀해주세요.

_____

**5** 계산서 주세요.

_____

**6** 잠시만 기다려주세요.

_____

**7** 여권 주세요.

_____

---

**정답**

1 Ayuda, por favor.      2 El menú, por favor.

3 Otro vez, por favor.      4 Nombre, por favor.

5 La cuenta, por favor      6 Un momento, por favor.

7 Pasaporte, por favor.

## 플러스 어휘   제시된 어휘를 참고하여 실력을 쌓아요.

**1** 조용히 해주세요.

* silencio 침묵, 정숙, 조용함

---

**2** 물과 메뉴판을 주세요.

* agua 물   * y 그리고

---

**3** 성함을 말씀해 주시고 여권을 주시기 바랍니다.

* nombre 이름   * pasaporte 여권

---

**4** 천천히 다시 한번 말씀해주세요.

* lentamente 천천히, 느리게

---

**5** 빨리 택시를 불러주세요.

* rápidamente 빨리   * taxi 택시

---

**6** 잔돈 말고 지폐로만 부탁드립니다.

* no 아니다   * billete 지폐 * solo 오직, …만

---

**7** 맥주 말고 와인만 주세요.

* no 아니다   * cerveza 맥주   * vino 와인   * solo 오직, …만

---

### 정답

1 Silencio, por favor.

2 Agua y el menú, por favor.

3 Nombre y pasaporte, por favor.

4 Otra vez, lentamente, por favor.

5 Un taxi, rápidamente, por favor.

6 No cambio, solo billete, por favor.

7 No cerveza, solo vino, por favor.

## 02 안녕하세요.
인사말

- Por favor를 통해 스페인어권 국가에서의 생존에 자신감이 생기셨죠? 이제는 여유롭게 스페인어권 원어민들과 인사를 나눠보도록 합시다. 보통 아침 인사는 점심 먹기 전까지, 오후 인사는 저녁 먹기 전까지, 저녁 인사는 저녁 식사 후에 사용한답니다.

### 패턴 꽉!

- **Buenos días.**
  부에노스 디아스

  안녕하세요. (아침 인사)

  단어 · bueno 형 좋은 · día 명 날, 하루, 낮

- **Buenas tardes.**
  부에나스 따르데스

  안녕하세요. (오후 인사)

  단어 · tarde 명 오후 형 늦게

- **Buenas noches.**
  부에나스 노체스

  안녕하세요. (저녁/밤 인사) / 잘 자요.

  단어 · noche 명 밤

### 회화 더하기!

이외의 주요 인사말

| | |
|---|---|
| **Hola.**<br>올라 | 안녕/안녕하세요. (만날 때 언제든지 사용 가능) |
| **Chao.**<br>차오 | 잘가/잘가요. (헤어질 때 언제든지 사용 가능) |
| **Adiós.**<br>아디오스 | 잘가/잘가요. (본래 오랜 기간 동안 못 보는 뉘앙스로 사용했었음) |
| **Hasta pronto.**<br>아스따 쁘론또 | 곧 만나요. (헤어지고 금방 다시 만나게 될 때 사용) |

단어 · hasta 전 ~까지 · pronto 부 곧, 머지 않아, 즉시, 바로

| | |
|---|---|
| **Hasta luego.**<br>아스따 루에고 | 나중에 만나요. (곧 보지 않거나 언제 만날지 모를 때) |

단어 · luego 부 나중에, 다음에, 뒤에, 후에

# Diana y José, Hola.
디아나 이 호세 올라

디아나, 호세 안녕.

· y 접 그리고

# Señor Sanchéz, Buenos días.
세뇨르 산체스 부에노스 디아스

산체스씨, 좋은 아침입니다.

· señor 명 (남성 호칭) ~씨. ~님, 신사

# Buenas tardes, señora María.
부에나스 따르데스 세뇨라 마리아

마리아 아주머니, 안녕하세요.

· señora 명 (기혼 여성 호칭) 아주머니, 여사님, 부인, 숙녀

# Buenas noches, señorita Kim.
부에나스 노체스 세뇨리따 킴

김 아가씨, 좋은 밤 되세요.

· señorita 명 (미혼 여성 호칭) 아가씨, ~양

# Hasta luego, profesor.
아스따 루에고 쁘로페소르

나중에 뵐게요, 선생님.

· profesor 명 선생님, 교수님

# Chao, amigos. Hasta pronto.
차오 아미고스 아스따 쁘론또

잘가, 친구들. 곧 보자.

· amigo 명 친구

암기한 바를 쓰고 소리내어 읽어보아요.

**1** 좋은 아침입니다.

_____

**2** 안녕하세요. (오후 인사)

_____

**3** 잘자요. (밤 인사)

_____

**4** 잘가, 친구들.

_____

**5** 김 아가씨, 곧 만나요.

_____

**6** 선생님 나중에 뵙겠습니다.

_____

**7** 잘가, 친구들. 곧 보자.

_____

**1** 사랑아, 안녕. (연인과의 이별)

• amor 사랑

---

**2** 영영 보지 말자.

• nunca 절대, 결코~않는다

---

**3** 이사벨(Isabel) 아주머니, 아주 좋은 아침입니다.

• muy 아주

---

**4** 레베카(Rebaca) 의사 선생님 좋은 오후입니다.

• doctor(/a) 의사 선생님

---

**5** 훌리오(Julio), 내일 만나자.

• mañana 내일

---

**6** 이레네(Irené) 월요일에 보자.

• el lunes 월요일

---

**7** 친구들, 주말에 보자.

• el fin de semana 주말

---

첫 만남

Lila

## Buenos días. ¿Cómo te llamas?

부에노스 디아스. 꼬모 떼 야마스?

안녕. 이름이 뭐니?

## Hola. Me llamo Dino. ¿Y tú?

올라. 메 야모 디노. 이 뚜?

안녕. 나는 디노야. 너는?

Dino

Lila

## Mi nombre es Lila. Encantada.

미 놈브레 에스 릴라. 엔깐따다

내 이름은 릴라야. 만나서 반가워.

## Mucho gusto, Lila.

무초 구스또, 릴라

만나서 반가워, 릴라.

Dino

- **이름 물어보기**

¿Cómo te llamas?

꼬모 떼 야마스?

너 이름이 뭐니?

(존칭) ¿Cómo se llama?

꼬모 세 야마?

성함이 어떻게 되세요?

¿Cuál es tu nombre?

꽐 에스 뚜 놈브레?

너의 이름이 무엇이니?

(존칭) ¿Cuál es su nombre?

꽐 에스 수 놈브레?

당신의 이름이 무엇인가요?

- **이름 대답하기**

Me llamo OO.

메 야모 OO

내 이름은 OO이야.

Mi nombre es OO.

미 놈브레 에스 OO

나의 이름은 OO이야.

Soy OO.

소이 OO

나는 OO야.

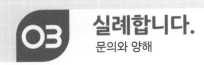

# 03 실례합니다.
문의와 양해

**포인트 콕!**

- 처음 본 원어민에게 말을 걸 때 사용하는 "실례합니다"부터, 레스토랑·상점 등에서 직원을 부를 때 사용하는 "저기요", 실수에 대한 사과를 할 때 사용하는 "미안합니다"라는 의미까지 아우르는 표현을 배워보도록 해요!

**패턴 꽉!**

● **Perdón.**
   뻬르돈

실례합니다. / 저기요. / 미안합니다.

- **perdón** 명 용서, 사면

● **¿Perdón?**
   뻬르돈?

네? / 저기요? / 뭐라고요?

- **perdón** 감 미안해요, 뭐라고요?

● **¡Disculpe!**
   디스꿀뻬!

실례합니다! / 죄송합니다!

- **disculpar** 동 용서하다, 핑계를 대다

**문법 더하기!**

스페인어의 의문 부호

스페인어의 의문 부호 물음표(?)와 느낌표(!)는 문장 시작 앞에 거꾸로 붙어서 의문문과 감탄문을 문장 첫 시작부터 친절하게 미리 알려줍니다. 거꾸로 쓰는 의문 부호에 점차 익숙해지실 거예요^^. 물음표가 거꾸로 붙어있다면 의문문임을 인지하고 끝을 올려주며 물어보는 말투로, 느낌표가 거꾸로 붙어있다면 감탄문으로 생각하여 외치는 말투로 말씀하시면 되겠죠? Perdón을 통해 세 가지 예시의 뉘앙스 차이를 직접 연습해보아요.

Perdón. / ¿Perdón? / ¡Perdón!
뻬르돈.      뻬르돈?      뻬르돈!

또한 Perdón은 Perdona, Perdone, Perdoname, Me perdone 등으로 변화하기도 하지만 결국 Perdón과 같은 의미로 이해하시면 된다는 부분도 기억해 주세요.

# Señor, disculpe.
세뇨르 　　디스꿀뻬

아저씨, 실례합니다.(/죄송합니다)

• señor 명 아저씨

# Perdón, señora.
뻬르돈 　　세뇨라

실례합니다(/죄송합니다), 아주머니.

• señora 명 아주머니

# Disculpe, camarero. Más agua, por favor.
디스꿀뻬 　　　까마레로 　　마스 　　아구아 　뽀르 　　파보르

저기요, 웨이터. 물 좀 더 주세요.

• camarero 명 웨이터 　más 부 더, 더욱, 더 많이

# ¡Profesor, disculpe! Una pregunta.
쁘로페소르 　　　디스꿀뻬 　　우나 　　쁘레군따

교수님 실례합니다! 질문 하나(가 있어요.)

• pregunta 명 질문, 물음

# ¿Perdón, abuelo? Otra vez, por favor.
뻬르돈 　　아부엘로 　오뜨라 베스 뽀르 　파보르

할아버지 뭐라고 하셨어요? 다시 한번 말씀해 주세요.

• abuelo 명 할아버지

# Disculpe, chico. Un momento, por favor.
디스꿀뻬 　　치꼬 　　운 　　모멘또 　뽀르 　파보르

애야 미안하다. 잠시만 기다려주렴.

• chico 명 (남자)아이

암기한 바를 쓰고 소리내어 읽어보아요.

**1** 네? / 저기요? / 뭐라고요?

_____

**2** 죄송합니다, 아주머니.

_____

**3** 교수님 실례합니다! 질문이 있어요.

_____

**4** 할아버지 뭐라고 하셨어요? 다시 한번 말씀해 주세요.

_____

**5** 저기요, 웨이터. 물 좀 더 주세요.

_____

**6** 아저씨, 실례합니다.

_____

**7** 얘야 미안하다. 잠시만 기다려주렴.

_____

**1** 실례합니다, 아가씨. 좀 도와주세요.

• ayuda 도움, 원조

---

**2** 저기요, 웨이트리스. 메뉴판을 다시 주세요.

• camarera 웨이트리스

---

**3** 할머니 죄송해요. 더 크게 말씀해주세요.

• alto 높은, (키 · 소리가) 큰

---

**4** 간호사님 실례지만 여의사님으로 부탁드려요.

• enfermera 간호사

---

**5** 아주머니 죄송하지만 전화 한 통화만 해도 될까요?

• llamada 한 통화

---

**6** 애야 미안하지만 조용히 좀 해주렴.

• silencio 침묵, 조용함

---

**7** 웨이터 실례지만 고수는 빼주세요.

• sin ~없이  • cilantro 고수

---

**정답**

1 Perdón, señorita. Ayuda, por favor.　　2 Disculpe, camarera. El menú, otra vez, por favor.

3 Perdón, abuela. Más alto, por favor.　　4 Disculpe enfermera, una doctora, por favor.

5 Señora, perdón. ¿Una llamada, por favor?　　6 Perdón, chico. Silencio, por favor.

7 Perdón, camarero. Sin cilantro, por favor.

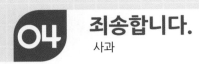

# 죄송합니다.

사과

🖐 **포인트 콕!**

- 앞서 배운 "Perdón"을 통한 미안하다는 표현이 실례한다는 뉘앙스가 강하다면 영어의 "I'm sorry."에 해당하는 "미안합니다.", "유감입니다."라는 표현은 스페인어로 "Lo siento."입니다. 불규칙 동사 sentir를 사용한 표현으로서 - e - : - ie -(중간에 낀 e모음이 ie로 변하는 유형) 변화를 하는데요, 교재를 통해 좀 더 구체적으로 배워볼까요?

🖐 **패턴 꽉!**

## ➡ Lo siento.

로　　시엔또

미안합니다. / 유감입니다.

> 🔵🔵 • sentir 图 유감이다. 미안하다. 느끼다 (- e - : - ie -. 중간에 낀 모음 e가 ie로 바뀌는 유형)

## ➡ Lo siento mucho.

로　　시엔또　　　　무초

정말 미안합니다. / 정말 유감입니다.

> 🔵🔵 • mucho 혱튀 많이, 많은

## ➡ Lo siento muchísimo.

로　　시엔또　　　　무치시모

정말 많이 미안합니다. / 정말 많이 유감입니다.

> 🔵🔵 • muchísimo 혱튀 정말 많은, 정말 많이 (mucho의 절대최상급 표현)

스페인어 중성 관사/대명사 Lo.

🖐 **문법 더하기!**

　"Lo siento."에서 'lo'는 무엇을 의미할까요? 우선 앞서 배웠던 스페인어의 정관사와 부정관사를 기억하고 계시나요? 성과 수에 따라 변화하였던 관사들 이외에 성과 수를 가지지 않는 중성형의 관사가 바로 'lo'라는 사실! 주로 'lo+형용사/부사'의 형태로 다른 품사와 함께하여 '~하는 것', '~하는 점'이라는 뜻으로 명사화시켜주는 역할을 담당합니다.

　또한 중성 대명사로서의 'lo'는 어떠한 상황 또는 앞 문장 전체를 받아 성을 부여할 수 없을 때 '그것'이라는 의미로 사용합니다. 즉, "Lo siento."는 "그것이 미안하다/유감이다."라고 직역이 되는 것이지요. 중성사 'lo'는 항상 하나의 형태로만 사용이 된다는 것 또한 포인트!

\* 중성 관사 'lo' : Lo bueno es bueno. 좋은 것이 좋다.

\*\* 중성 대명사 'lo' : No lo sé. 모릅니다. (그것을 알지 못합니다.)

> 🔵🔵 • saber 图 알다 (불규칙동사, 동사변화: sé - sabes - sabe –sabemos – sabéis - saben)

## Lo siento y perdón.
로 　 시엔또 이 　 뻬르돈

미안해 그리고 용서해.

• perdón 명 용서, 사면

## Policía, lo siento mucho.
뽈리시아 　 로 　 시엔또 　 무초

경찰관님, 정말 죄송합니다.

• policía 명 경찰, 경찰관

## Siento, la muerte del* perro.
시엔또 라 　 무에르떼 　 델 　 뻬르로

그 개의 죽음은 유감입니다.

• muerte 명 죽음 　 • perro 명 개

\* 전치사 de와 정관사 el이 만나면 de + el = del로 축약합니다.

## Siento mucho lo de ayer.
시엔또 　 무초 로 데 아예르

어제의 일은 정말 미안해.

• de 전 ~의, ~에 대해(영어의 of 혹은 from) 　 • ayer 명 어제

## Siento lo de anoche.
시엔또 로 데 　 아노체

어젯밤의 일은 미안해.

• anoche 명 어젯밤

## Lo importante es que lo siento ahora.
로 　 임뽀르딴떼 에스 　 께 로 　 시엔또 　 아오라

중요한 것은 지금 미안해한다는 것이다.

• importante 형 중요한 　 • ahora 명 지금, 현재 　 • que 명 (접속사, 영어의 that절)

암기한 바를 쓰고 소리내어 읽어보아요.

**1** 정말 많이 미안합니다. / 정말 많이 유감입니다.

_____

**2** 경찰관님, 정말 죄송합니다.

_____

**3** 어제의 일은 정말 미안해.

_____

**4** 미안해 그리고 용서해.

_____

**5** 그 개의 죽음은 유감입니다.

_____

**6** 중요한 것은 지금 미안해한다는 것이다.

_____

**7** 미안해, 어젯밤의 일은.

_____

정답

1 Lo siento muchísimo.　　2 Policía, lo siento mucho.
3 Lo de ayer, siento mucho.　　4 Lo siento y perdón.
5 Siento, la muerte del perro.　　6 Lo importante es que lo siento ahora.
7 Lo siento, lo de anoche.

제시된 어휘를 참고하여 실력을 쌓아요.

**1** 오늘의 일은 정말 미안해.

· hoy 오늘

---

**2** 죄송하지만 모르는 일입니다.

· saber 알다 : 1인칭 불규칙 단수 sé · pero 그런데, 그러나

---

**3** María 아주머니의 일은 유감이에요.

· señora 아주머니

---

**4** 이전의 일은 죄송합니다. 그리고 용서해주세요.

· antes 이전

---

**5** 중요한 것은 어제의 일에 매우 미안해한다는 것이다.

· ayer 어제

---

**6** 지금 정말 미안해한다는 것은 사실입니다.

· verdad 사실

---

**7** 그 고양이의 죽음은 매우 유감입니다.

· gato 고양이

---

1 Siento mucho, lo de hoy.

2 Siento, pero no lo sé.

3 Siento lo de señora María.

4 Lo de antes, lo siento y perdón.

5 Lo importante es que siento mucho lo de ayer.

6 La verdad es que lo siento mucho ahora.

7 Siento mucho la muerte del gato.

인사와 안부

Dino

### Hola! ¿Qué tal?
올라!　　께　딸?
안녕! 잘 지내니?

Lila

### Bien, gracias. ¿Y tú?
비엔,　　그라시아스.　이　뚜?
잘지내, 고마워. 너는?

Dino

### Perfecto. Gracias.
뻬르픽또.　　　그라시아스
완벽해. 고마워.

Lila

### Vale, hasta luego.
발레,　　아스따　　루에고
오케이, 나중에 봐.

- **안부 묻기**

¿Cómo estás?
꼬모   에스따스?

(존칭) ¿Cómo está?
꼬모   에스따?

¿Qué tal?
께   딸?

(존칭) ¿Qué tal está?
께   딸   에스따?

¿No pasa nada?
노   빠사   나다?

¿Nada especial?
나다   에스뻬시알?

어떻게 지내니?

어떻게 지내세요?

어떻게 지내?

어떻게 지내시나요?

아무 일 없지?

별 일 없지?

- **다양한 안부 대답**

Perfecto - Muy bien - Bien - No mal - Así así -
뻬르펙또   무이   비엔   비엔   노   말   아시   아시
완벽해   아주 좋아   좋아   나쁘지 않아   그저 그래

Un Poco Mal – Mal - Muy mal – Fatal
운   뽀꼬   말   말   무이   말   파딸
좀 안 좋아   안 좋아   아주 안 좋아   치명적이야

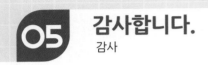

# 05 감사합니다.
감사

### 포인트 콕!

• 앞 시간에 인간관계에 있어 가장 중요한 표현 중 '미안합니다'를 배워보았습니다. 그럼 당연히 '감사합니다'를 빼놓을 수 없겠죠~? 작은 말 한마디가 모든 것을 변화시킬 수 있는 만큼 스페인어로 감사의 마음을 꼭 표현해보세요. '감사, 자비'라는 뜻의 단어 'Gracias.' 한마디로 쉽게 표현이 가능하답니다.

### 패턴 꽉!

**— Gracias.**
그라시아스

감사합니다.

> 단어 · **gracia** 명 감사, 자비

**— Muchas gracias.**
무차스 그라시아스

정말 감사합니다.

> 단어 · **mucho** 형부 많이

**— Muchísimas gracias.**
무치시마스 그라시아스

정말 많이 감사합니다.

> 단어 · **muchísimo** 형부 정말 많이 (mucho의 최상급 표현)

### 문법 더하기!

muy와 mucho의 차이

은근 헷갈리는 muy와 mucho의 차이점을 완전히 이해해보도록 해요! 영어의 **very**와 닮은 muy 그리고 **much**와 닮은 mucho는 간단하게 생각하면 오히려 쉬운 비교가 가능합니다.

| 분류 | 의미 | 품사 | 함께 쓰이는 품사 |
|---|---|---|---|
| muy | 아주, 매우, 무척 | 부사 | 형용사, 부사 |
| mucho | 많은, 많이, 많은 것(사람) | 형용사, 부사, 대명사 | 명사, 동사 |

1. 부사의 역할만 하는 **muy**는 변화가 없어요.
   Ella es muy guapa. 그녀는 무척 예쁘다.  ¡Muy bien! 아주 좋아!
2. 형용사로서의 **mucho**는 명사에 맞춰 성 · 수 일치를 시켜줘야 해요.
   Muchas gracias. 많은 감사입니다.  Tengo mucho dinero. 나는 많은 돈을 가지고 있다.
3. 대명사와 부사로서의 **mucho**는 형태 변화가 없습니다.
   Hago mucho. 나는 많은 것들을 한다.  Como mucho. 나는 많이 먹는다.

# Mil gracias, señor.
밀    그라시아스    세뇨르

정말 감사합니다 (1,000만큼 감사합니다), 신사분.

단어 • mil 형명 천의, 천, 숫자 1,000


# *Gracias a usted.
그라시아스  아    우스뗃

당신 덕분입니다.

단어 • gracias a 숙 ~덕분에
* 'gracias a + 대상 / gracias por + 이유'로 간단히 구분할 수 있습니다.


# Muchas gracias a ti.
무차스    그라시아스  아  띠

네 덕분에 정말 고마워.

단어 • a 전 ~에, ~을/를   • ti 대 너 (2인칭 단수 tú의 전치격)


# *Gracias por su ayuda.
그라시아스  뽀르  수    아유다

당신의 도움에 감사드립니다.

단어 • por 전 ~때문에, ~통해 (by)   • su 형 당신의, 그의, 그녀의 (3인칭 단수 소유형용사)
* 'gracias a + 대상 / gracias por + 이유'로 간단히 구분할 수 있습니다.


# Muchas gracias por tu favor.
무차스    그라시아스  뽀르  뚜    파보르

너의 호의에 정말 고마워.

단어 • tu 전 너의 (2인칭 단수 소유형용사)   • favor 명 호의


# Muchísimas gracias por todo.
무치시마스    그라시아스  뽀르  또도

모든 것에 있어 정말 고마워.

단어 • todo 형명 모든, 모든 것

**복습 톡톡** 암기한 바를 쓰고 소리내어 읽어보아요.

**1** 정말 많이 감사합니다.

---

**2** 정말 감사합니다 (1,000만큼 감사합니다), 신사분.

---

**3** 당신의 도움에 감사드립니다.

---

**4** 네 덕분에 정말 고마워.

---

**5** 모든 것에 있어 정말 고마워.

---

**6** 당신 덕분입니다.

---

**7** 너의 호의에 정말 고마워.

---

**정답**

1 Muchísimas gracias.
3 Gracias por su ayuda.
5 Muchísimas gracias por todo.
7 Muchas gracias por tu favor.

2 Mil gracias, señor.
4 Muchas gracias a ti.
6 Gracias a usted.

**1** 하나님 덕분입니다!

• Dios 하나님, 신

---

**2** 방문해줘서 고마워.

• visita 방문

---

**3** 초대해주셔서 감사합니다.

• invitación 초대

---

**4** 친절하게 대해주셔서 감사합니다.

• amabilidad 친절함

---

**5** 선물 정말 많이 고마워.

• regalo 선물

---

**6** 경청해 주셔서 감사해요.

• atención 경청, 주의, 집중, 관심

---

**7** 어제의 일은 고마워.

• ayer 어제

---

**정답**

1 ¡Gracias a Dios!  2 Gracias por tu/la visita.

3 Gracias por su/la invitación.  4 Gracias por su/la amabilidad.

5 Muchísimas gracias por tu/el regalo.  6 Gracias por su/la atención.

7 Gracias por lo de ayer.

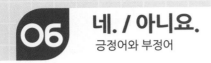

## 06 네. / 아니요.
긍정어와 부정어

✌️ **포인트 콕!**

• 원어민 상대의 질문에 긍정과 부정으로 본인의 의견을 확실히 해보도록 합시다! 영어의 'yes'는 스페인어로 ' **sí** '이랍니다. 악센트 표시가 들어간 **í**로 써주셔야 '네'라는 뜻이 되어요. 악센트를 빼놓은 ' **si** ' 는 '만약 ~라면'이라는 의미로, 영어의 'if'가 된다는 사실도 기억해 주세요.

✌️ **패턴 콱!**

— **¿Sí o no?**
　씨 오 노?

　　　　　　　　　　　　　　　　맞아요 아니예요? (맞아 아니야?)

> **단어** • o 🔲 또는 (영어의 'or')

— **Sí. De acuerdo.**
　씨 데 　아꾸에르도

　　　　　　　　　　　　　　　　　　　네. 동의합니다.

> **단어** • de acuerdo 🔲 동의하는, 의견이 일치하는

— **No. Nunca.**
　노 　　눈까

　　　　　　　　　　　　　　　　　아니요. 절대로 아닙니다.

> **단어** • nunca 🔲 결코/절대 ~아니다

✌️ **어휘 더하기!**

　　　　　　　　　　　　　　　　　　　　　　　긍정어와 부정어

영어에서 긍정문에는 **something**, 부정문에는 **nothing**을 사용하듯이 스페인어에도 긍정어와 부정어가 존재합니다. 간단하게 한마디로도 긍정과 부정의 의미를 표현할 수 있으므로 꼭 암기해서 활용해 보세요.

| 구분 | 긍정어 | 부정어 |
|------|--------|--------|
| 대명사 | alguno 어떤 사람 | ninguno 아무런 사람 |
| | alguien 누군가 | nadie 아무도 아닌 |
| | algo 어떤 것 | nada 아무것도 아닌 것 |
| 형용사 | * alguno (/algún) 어떤 | * ninguno (/ningún) 아무런~아닌 |
| 부사 | también 또한 | tampoco 또한~아니다 |
| | siempre 항상 | nunca 절대~아니다 |
| 접속사 | y 그리고, ~와/과 | ni ~도 아니다 |

* alguno는 문맥에 따라, 대명사 혹은 형용사로 사용됩니다. 주의하실 점은 alguno가 형용사로 사용될 때는 남성 단수 명사 앞에서는 algún으로 변화한다는 것입니다. ninguno도 마찬가지이니 함께 기억해주세요.

🔲 algún hombre 어떤 남자(사람) / ningún hombre 아무런 남자(사람)도 아닌

## ¡Vale!
발레

알겠습니다!

• vale 감 오케이, 됐어, 알겠습니다

## Sí. Exacto.
씨      엑싹또

네. 정확합니다.

• exacto 형 정확한, 옳은

## Desde luego.
데스데      루에고

당연합니다.(숙어)

• desde 부 ~부터   • luego 부 나중에

## Claro que sí / no.
끌라로    께 씨 / 노

당연히 그렇습니다. / 당연히 그렇지 않습니다.

• claro 형 밝은, 당연   • que 접 영어의 that (악센트 표시가 들어간 qué는 의문사 = 영어의 의문사 what)

## No. Ninguna vez. / Nunca.
노      닝구나  베스      눈까

아니요. 단 한 번도 아니에요.

• ninguno 형 아무런 ~아닌   • vez 명 번, 회, 순번, 차례

## No. Jamás en la vida.
노    하마스  엔 라  비다

아니요. 결코 (제) 삶에 없는 일입니다.

• jamás 부 결코/절대~아니다   • en 전 ~에, ~안에 (영어의 in)   • vida 명 삶, 인생

암기한 바를 쓰고 소리내어 읽어보아요.

**1** 맞아요 아니예요?

_____

**2** 알겠습니다!

_____

**3** 네. 동의합니다.

_____

**4** 네. 정확합니다.

_____

**5** 당연히 그렇지 않습니다.

_____

**6** 아니요. 단 한 번도 아니에요.

_____

**7** 아니요. 결코 (제) 삶에 없는 일입니다.

_____

---

**정답**

1 ¿Sí o no?     2 ¡Vale!

3 Sí. De acuerdo.     4 Sí. Exacto.

5 Claro que no.     6 Ninguna vez. / Nunca.

7 No. Jamás en la vida.

제시된 어휘를 참고하여 실력을 쌓아요.

**1** 네. 저 또한 그렇습니다.

* también 또한

---

**2** 아닙니다. 저 또한 아닙니다.

* tampoco 또한 아니다

---

**3** 네. 몇 번이요.

* alguna vez 몇 번

---

**4** 아니요. (제) 인생에 한 번도 없는 일이에요.

* ninguna vez 한 번도 아닌

---

**5** 알겠습니다. 더 다른 것은요?

* algo 어떤 것  * más 더

---

**6** 아니요. 더 다른 것은 없습니다.

* nada 아무 것도 아닌 것

---

**7** 정확해요. 누군가 그것을 알고 있어요.

* alguien 누군가

---

정답

1 Sí. Yo también.　　　　　2 No. Yo tampoco.

3 Sí. Alguna vez.　　　　　4 No. Ninguna vez / nunca en la vida.

5 Vale. ¿Algo más?　　　　6 No. Nada más.

7 Exacto. Alguien lo sabe.

사과 표현

**¡Perdón! Lo siento mucho.**

빼르돈! 로 씨엔또 무초

실례합니다! 정말 죄송합니다.

Lila

Un Caminante (행인)

**Está bien. No pasa nada.**

에스따 비엔. 노 빠사 나다

괜찮습니다. 아무 일도 아닙니다.

Una Pasante (행인)

**¡Muchas gracias! Eres muy amable.**

무챠스 그라시아스! 에레스 무이 아마블레

정말 감사합니다! 아주 친절하시네요.

**¡De nada! Es un placer.**

데 나다! 에스 운 쁠라세르

천만에요. 제 기쁨입니다.

Dino

- **사과에 대한 답변 표현**

Está bien.
에스따   비엔

괜찮습니다.

No pasa nada.
노   빠사   나다

아무 일도 아닙니다.

No es tu(/su) culpa.
노 에스   뚜(수)   꿀빠

너의(/당신의) 잘못이 아니야(/아닙니다.)

Puede ser.
뿌에데   세르

그럴 수 있지.

- **감사에 대한 답변 표현**

De nada.
데   나다

천만에요.

Con gusto.
꼰   구스또

기꺼이요.

Es un placer.
에스   운   쁠라쎄르

제 기쁨입니다.

No hay de qué.
노   아이   데   께

별 말씀을요.

# 누구신가요?

의문사

- 단 한 마디만으로 질문의 핵심을 전달할 수 있어서 아주 유용한 육하원칙 의문사를 만나볼 차례군요! '누가, 언제, 어디서, 무엇을, 어떻게, 왜'에 해당하는 스페인어를 꼭 사용해보세요! 영어의 be동사 역할을 해주는 스페인어의 ser 동사와 estar 동사도 가볍게 만나볼게요. 두 동사 모두 '~이다(/있다)'라는 뜻을 가지고 있고 ser는 'soy-eres-es-somos-sois-son'으로, estar 동사는 'estoy-estás-está- estamos-estáis-están'으로 변화하는 불규칙 동사들입니다.

### 패턴 꽉!

- **¿Qué es?**

  께 에스

  뭐예요?

  - **qué** 의 어떤, 무슨, 무엇 · **es** ~이다(ser 동사의 3인칭 단수형)

- **¿Quién es?**

  끼엔 에스

  누구세요?

  - **quién** 의 누구, 누가 · **es** ~이다(ser 동사의 3인칭 단수형)

- **¿Cuál es?**

  꽐 에스

  어느 것이에요?

  - **cuál** 의 어느, 어느 것 · **es** ~이다(ser 동사의 3인칭 단수형)

### 어휘 더하기!

스페인어 육하원칙

스페인어의 의문문은 문장 끝을 올려줘서 물어보는 뉘앙스를 상대에게 전하면 간단하게 해결됩니다! 아래의 각 의문사의 강세(tilde) 표시에 주의해주세요! 강세 표시가 없다면 의문사가 아닌 두 문장을 이어주는 관계사 혹은 관계 부사 또는 접속사나 부사로 품사가 변화한답니다.

| 누가 / 누구들 | quién / quiénes | 끼엔 / 끼에네스 |
|---|---|---|
| 언제 | cuándo | 꽌도 |
| 어디서 | dónde | 돈데 |
| 무엇을 | qué | 께 |
| 어떻게 | cómo | 꼬모 |
| 왜 | por qué | 뽀르 께 |
| 얼마나 | cuánto/cuántos/cuánta/cuántas | 꽌또 / 꽌또스 / 꽌따 / 꽌따스 |
| 어느 것 / 어느 것들 | cuál / cuáles | 꽐 / 꽐레스 |

## ¿Dónde está?
돈데　에스따

어디 계세요?

· estar 동 있다, ~이다. (estar 동사의 3인칭 단수형)


## ¿Cómo está ud.?
꼬모　에스따　우스뗄

어떻게 지내세요?

· ud. 동 usted의 약자, 당신


## ¿Cómo es ella?
꼬모　에스　에야

그녀는 어때요?

· ella 명 그녀


## ¿Cómo te llamas?
꼬모　떼　야마스

네 이름이 뭐니? (너는 너 스스로를 뭐라고 부르니?)

· llamarse 동 이름이 ~이다(스스로 ~라고 부르다)


## ¿Cuál es tu nombre?
꽐 에스 뚜　놈브레

너의 이름이 뭐니? (어느 것이 너의 이름이니?)

· nombre 명 이름


## ¿Cuándo es tu cumpleaños?
꽌도 에스 뚜　꿈쁠레아뇨스

네 생일이 언제니?

· tu 소 너의　· cumpleaños 명 생일

암기한 바를 쓰고 소리내어 읽어보아요.

**1** 누구세요?

_____

**2** 네 이름이 뭐니? (너는 너 스스로를 뭐라고 부르니?)

_____

**3** 너의 생일이 언제니?

_____

**4** 어디 계세요?

_____

**5** 그녀는 어때요?

_____

**6** 어떻게 지내세요?

_____

**7** 너의 이름이 뭐니? (어느 것이 너의 이름이니?)

_____

정답

1 ¿Quién es?                    2 ¿Cómo te llamas?

3 ¿Cuándo es tu cumpleaños?     4 ¿Dónde está?

5 ¿Cómo es ella?               6 ¿Cómo está ud.?

7 ¿Cuál es tu nombre?

제시된 어휘를 참고하여 실력을 쌓아요.

**1** 이것이 뭐예요?

• esto 이것

---

**2** 슈퍼마켓이 어디에 있어요?

• supermercado 슈퍼마켓

---

**3** 어느 것이 너의 책이니?

• libro 책

---

**4** 어떻게 지내세요? – 잘 지내고 있어요.

• estar 이다, 있다, 지내다, (1인칭 단수형: estoy)

---

**5** 그녀는 어때요? – 아주 예뻐요.

• muy 아주  • guapo 예쁜, 잘생긴

---

**6** 그는 어때요? – 키가 꽤 커요.

• bastante 꽤, 충분히  • alto 키가 큰, 높은

---

**7** 네 이름이 뭐니? – 내 이름은 Susana야.

• me llamo 내 이름은 ~이다 (나는 나 스스로를 ~라고 부른다.)

---

# 스페인어권 세계 속으로!

## 생생문화 03  스페인과 중남미의 대표 음식과 음료

우리가 외국에 가면 가장 중요한 것 중의 하나가 바로 음식이죠. 이번 장에서는 스페인어권 문화를 대표하는 음식을 알려드리려고 해요.

중남미에서는 먼 옛날부터 옥수수가 주요 농작물이었기에 대부분의 요리에 옥수수가 들어가 있답니다. 과거 중남미 원주민들은 옥수수신을 동상으로 만들어 절하고 제사를 지내기도 했어요. 그래서 중남미 사람 중에는 옥수수 요리를 싫어하는 사람이 거의 없다고 해요.

감자도 중남미의 주요 농작물이에요. 감자의 원산지인 페루에는 무려 3,000종의 감자가 있다고 해요. 빨간 감자부터 검정 감자까지 전부 맛에서도 차이가 있다니 너무 신기하죠?

스페인 또한 감자를 사랑하는 나라인데요. 스페인 사람들은 빵과 쌀, 감자까지 다양한 식재료와 조리법을 사용한답니다. 유럽에서는 드물게 문어와 대구(생선)까지 식재료로 사용하기 때문에 우리의 입맛에 잘 맞는 음식이 가득해요. 다만 한국보다 간이 세기 때문에 스페인에서 음식을 주문하실 때에는 "Menos sal, por favor. [메노스 살, 뽀르 파보르] 덜 짜게 해주세요."라고 요청하는 것을 추천해요.

스페인
(España)

하몽
(Jamón)

빠에야
(Paella)

상그리아
(Sangría)

쿠바
(Cuba)

쿠바 샌드위치
(Cuba Sandwich)

로빠 비에하
(Ropa Vieja)

모히또
(Mojito)

# 03 스페인과 중남미의 대표 음식과 음료

멕시코
(México)

따꼬
(Taco)

부리또
(Burrito)

떼낄라
(Tequila)

페루
(Perú)

세비체
(Ceviche)

아히 데 가이나
(Ají de Gallina)

치차 모라다
(Chicha Morada)

콜롬비아
(Colombia)

아레빠
(Arepa)

반데하 빠이사
(Bandeja Paisa)

콜롬비아 커피
(Café)

칠레
(Chile)

까수엘라
(Cazuela)

꾸란또
(Curanto)

모떼
(Mote)

아르헨티나
(Argentina)

아사도
(Asado)

엠빠나다
(Empanada)

마떼
(Mate)

# 02장

## 두 마디로 당당하게 말해요!

# 08 한국 사람입니다.
### ser 동사와 국적 문답

👉 **포인트 콕!**

• 본격적으로 영어의 be동사에 해당하는 스페인어의 ser동사를 좀 더 구체적으로 배움으로써 더 많은 응용이 가능하도록 해봅시다! ser동사의 인칭별 현재형 동사변화는 'soy-eres-es-somos-sois-son'입니다. 이번 과를 통해서 상대방에게 내 국적을 알리고 또한 상대방의 국적도 알아가는 표현들을 유용하게 사용하세요. 또한 'ser de' 표현은 사람의 국적, 출신 또는 소유를 나타내며 사물의 경우, 재료를 나타내는 표현으로 사용된답니다.

✋ **패턴 꽉!**

● **¿Es ud. coreano/a?**
에스 우스뗄 꼬레아노/꼬레아나

한국인이세요?

🔗 • coreano/a 명형 한국인, 한국어, 한국의

● **No soy norcoreano/a.**
노 소이 노르꼬레아노/노르꼬레아나

저는 북한 사람이 아닙니다.

🔗 • norcoreano/a 명형 북한 사람, 북한의

● **Son surcoreanos.**
손 수르꼬레아노스

그들은 남한 사람입니다.

🔗 • surcoreano 명형 남한 사람, 남한의

✌ **어휘 더하기!**

국적 형용사와 명사 그리고 국가명

모습이 같은 국적 형용사와 국적 명사는 성·수 변화를 합니다. 기본적으로 대부분 –o/a법칙을 따르지만, 남녀의 모습이 같은 경우도 꽤 있답니다.

| 국가 | 국적 형용사/명사 남성형 | 국적 형용사/명사 여성형 |
|---|---|---|
| Corea 한국 | coreano | coreana |
| China 중국 | chino | china |
| España 스페인 | español | española |
| Inglaterra 영국 | inglés | inglesa |
| Japón 일본 | japonés | japonesa |
| Estados unidos 미국 | estadounidense | estadounidense |
| Marruecos 모로코 | marroquí | marroquí |

## ¿De dónde eres?
데　　돈데　에레스

어디 출신이니? (어느 나라 사람이니?)

단어 · de 전 ~로부터, ~의　· dónde 의 어디

## Soy de Corea del Sur.
소이　데　　꼬레아　델　수르

나는 남한 출신이야.

단어 · corea del sur 명 남한

## Ella es de Madrid.
에야 에스 데　　　마드릳

그녀는 마드리드 출신입니다.

단어 · ser de 숙 ~출신이다

## ¿De quién es el lápiz?
데　　끼엔 에스 엘　　라삐쓰

그 연필 누구거니?

단어 · quién 의 누구　· lápiz 명 연필

## Es de Serena.
에스 데　　세레나

세레나의 것입니다.

단어 · ser de 숙 (출신, 소유, 재료) ~이다

## La silla es de madera.
라　시야 에스 데　　　마데라

그 의자는 나무로 만든 것이다.

단어 · silla 명 의자　· madera 명 목재

암기한 바를 쓰고 소리내어 읽어보아요.

**1** 한국인이세요?

_____

**2** 어디 출신이니?

_____

**3** 나는 남한 출신이야.

_____

**4** 저는 북한 사람이 아닙니다.

_____

**5** 그 연필 누구거니?

_____

**6** 세레나의 것입니다.

_____

**7** 그 의자는 나무로 만든 것이다.

_____

---

**정답**

1 ¿Es ud. coreano?      2 ¿De dónde eres?

3 Soy de Corea del Sur.      4 No soy norcoreano/a.

5 ¿De quién es el lápiz?      6 Es de Serena.

7 La silla es de madera.

제시된 어휘를 참고하여 실력을 쌓아요.

**1** 한국 사람들은 친절하다.

* amable 친절한

---

**2** 중국 사람들은 중국어를 말한다.

* hablar 말하다 · chino 중국어

---

**3** 어느 도시 출신이야?

* ciudad 도시

---

**4** 나는 서울 출신이야.

* seúl 서울

---

**5** 그 남자들은 어느 나라 사람이죠?

* hombre 남자

---

**6** 그 음료는 옥수수로 만든 것이다.

* bebida 음료 · maíz 옥수수

---

**7** 그들은 영국인들이 아니고 미국인들이야.

* no A sino B A가 아니라 B이다

---

정답

1 Los coreanos son amables.   2 Los chinos hablan chino.

3 ¿De qué ciudad eres?   4 Soy de Seúl.

5 ¿De dónde son los hombres?   6 La bebida es de maíz.

7 No son ingleses sino estadounidenses.

국적 문답

Lila

**¿De dónde eres?**
데 돈데 에레스?
너 어느 나라 사람이니?

Un Coreano (한국인)

**Soy de Corea del Sur.**
소이 데 꼬레아 델 수르
나 남한 출신이야.

**¿De qué ciudad?**
데 께 씨우닫?
어느 도시 출신이야?
Lila

Un Coreano (한국인)

**De Seúl.**
데 세울
서울 출신이야.

# 다양한 국적 형용사와 명사

| 국가 | 국적 형용사/명사 남성형 | 국적 형용사/명사 여성형 |
|---|---|---|
| Alemania 독일 | alemán | alemana |
| Argentina 아르헨티나 | argentino | argentina |
| Bélgica 벨기에 | belga | belga |
| Brasil 브라질 | brasileño | brasileña |
| Canadá 캐나다 | canadiense | canadiense |
| Francia 프랑스 | francés | francesa |
| India 인도 | hindú | hindú |
| Perú 페루 | peruano | peruana |
| México 멕시코 | mexicano | mexicana |

# 09 저는 직장인입니다.

ser 동사와 직업 문답

## 포인트 콕!

• 스페인어권 원어민에게 원하고자 하는 정보를 확실히 확인하고자 할 때 사용할 수 있는 부가의문문은 문장 끝에 sí 또는 no를 붙여 '그렇죠?, 그렇지 않죠?'라고 물어보며 확답을 구할 수 있습니다. 이외의 부가의문문 표현과 함께 스페인어 직업명도 알아보도록 해요.

## 패턴 꽉!

**Ella es estudiante, ¿sí?**
에야 에스 에스뚜디안떼 씨

그녀는 학생이에요, 그렇죠?

단어 • estudiante 명 학생

**Eres dentista, ¿no?**
에레스 덴티스따 노

넌 치과 의사지, 아니야?

단어 • dentista 명 치과 의사

**¿Él es profesor, ¿verdad?**
엘 에스 쁘로페소르 베르닫

그는 선생님이라는데, 사실이야?

단어 • profesor 명 교수, 선생님 • verdad 명 사실

## 어휘 더하기!

스페인어 주요 직업명

-o로 끝나면 남성, -a로 끝나면 여성을 지칭하는 직업명

| | | | |
|---|---|---|---|
| abogado/a | 변호사 | arquitecto/a | 건축가 |
| camarero/a | 웨이터 | cocinero/a | 요리사 |
| enfermero/a | 간호사 | escritor/a | 작가 |
| ingeniero/a | 엔지니어 | peluquero/a | 미용사 |

남녀 단어가 같아서 관사(un, una, el, la 등)로 성을 구분하는 직업명

| | | | |
|---|---|---|---|
| cantante | 가수 | dependiente | 점원 |
| futbolista | 축구 선수 | periodista | 기자 |

남녀 형태가 불규칙이기에 따로 암기를 해줘야 하는 대표적인 직업명과 성별

| | | | |
|---|---|---|---|
| actor | 배우 | actriz | 여배우 |
| hombre | 남자 | mujer | 여자 |

# María es escritora, ¿verdad?
마리아 에스 　　에스끄리또라 　　　베르닫

마리아는 작가야, 사실이지?

**🔊** • verdad 숙 사실

# Eres artista, ¿sí o no?
에레스 　아르띠스따 　 씨 오 　노

너 예술가지, 맞아 아니야?

**🔊** • artista 명 예술가

# José es bombero, ¿cierto?
호세 에스 　　봄베로 　　씨에르또

호세는 소방수이에요, 확실하죠?

**🔊** • bombero 명 소방관, 소방수 • cierto 형 확실한, 명백한

# El padre de Ana es médico, ¿sabes?
엘 　빠드레 드 　아나 에스 　　메디꼬 　　사베스

아나의 아버지가 의사이셔, 알고 있니?

**🔊** • médico 명 의사 • saber 동 알다

# Ustedes son policías, ¿no es verdad?
우스떼데스 　　손 　뽈리시아스 　　노 에스 　　베르닫

당신들은 경찰이에요, 사실이 아닌가요?

**🔊** • policía 명 경찰

# Ellos son diseñadores, ¿es verdad?
에요스 　손 　디세냐도레스 　에스 　　베르닫

그들이 디자이너들이라는데, 사실이에요?

**🔊** • diseñador 명 디자이너 • verdad 명 사실

암기한 바를 쓰고 소리내어 읽어보아요.

**1** 그녀는 학생이에요, 그렇죠?

_____

**2** 그는 선생님이라는데, 사실이야?

_____

**3** 넌 치과 의사지, 아니야?

_____

**4** 마리아는 작가야, 사실이지?

_____

**5** 너 예술가지, 맞아 아니야?

_____

**6** 호세는 소방수이에요, 확실하죠?

_____

**7** 당신들은 경찰이에요, 사실이 아닌가요?

_____

정답

[1] Ella es estudiante, ¿sí?　　　　[2] Él es profesor, ¿verdad?

[3] Eres dentista, ¿no?　　　　　　[4] María es escritora, ¿verdad?

[5] Eres artista, ¿sí o no?　　　　　[6] José es bombero, ¿cierto?

[7] Ustedes son policías, ¿no es verdad?

제시된 어휘를 참고하여 실력을 쌓아요.

**1** Silvia는 간호사고 Julio는 직장인이에요, 맞나요?

* enfermero 간호사 * empleado 직장인

**2** Pepe가 축구 선수라는데, 사실이 아닌가요?

* futbolista 축구 선수

**3** Javier는 훌륭한 건축가예요, 확실하지 않나요?

* estupendo 훌륭한 * arquitecto 건축가

**4** 네 아버지는 유능한 기자시라며, 그렇지 않니?

* talentoso 유능한

**5** 나의 형은 똑똑한 선생님이야, 알고 있지?

* hermano 형 * inteligente 똑똑한

**6** 그녀가 유명한 여배우라면서요, 진심이에요?

* famoso 유명한

**7** Olivia는 기자가 아니라 창의적인 작가라네요, 맞아요 아니에요?

* creativo 창의적인

---

정답

① Silvia es enfermera y Julio es empleado, ¿verdad? ② Pepe es futbolista, ¿no es verdad?

③ Javier es un arquitecto estupendo, ¿no es cierto? ④ Tu padre es un periodista talentoso, ¿no?

⑤ Mi hermano es un profesor inteligente, ¿sabes? ⑥ Ella es una actriz famosa, ¿en serio?

⑦ Olivia no es periodista sino escritora creativa, ¿sí o no?

# 10 아주 예쁘세요.

성격과 외모 묘사 및 가족 관계명

### 포인트 쿡!

• ser 동사와는 조금 친숙해지셨나요~? ser 동사는 본질과 속성을 나타내기에 사람과 사물의 특징을 얘기하기도 합니다. ser 동사를 활용해 가족, 친구들, 연인 등 지인분들의 외모와 성격을 원어민에게 묘사해 보세요.

### 패턴 꽉!

**●  Eres muy guapa.**
에레스  무이  구아빠

아주 예쁘세요.

> 다 • guapo 형 잘생긴, 예쁜

**●  Mi padre es alto.**
미  빠드레 에스  알또

저희 아버지는 키가 크세요.

> 다 • alto 형 키 큰

**●  Mi madre es amable.**
미  마드레 에스  아마블레

나의 어머니는 친절하세요.

> 다 • amable 형 친절한

### 어휘 더하기!

성격과 외모를 나타내는 형용사들

ser 동사와 함께 아래의 외모 및 성격 형용사들을 사용하여, 더 자세하고 명확한 묘사를 할 수 있습니다. 성 · 수일치 해주시는 것도 잊지 마세요^^

| | | | | |
|---|---|---|---|---|
| 외모 | alto/a | 키가 큰 | bajo/a | 키가 작은 |
| | bonito/a | 예쁜 | feo/a | 못생긴 |
| | delgado/a | 마른 | gordo/a | 뚱뚱한 |
| | joven | 젊은 | viejo/a | 나이 든 |
| 성격 | activo/a | 적극적인 | tímido/a | 소극적인 |
| | amable | 친절한 | desatento/a | 무례한 |
| | divertido/a | 재미있는 | aburrido/a | 지루한 |
| | simpático/a | 호감 가는 | antipático/a | 비호감의 |
| | inteligente | 똑똑한 | tonto/a | 바보 같은 |

# Eres muy alto y simpático.
에레스　무이　알또 이　심빠띠꼬

너 키가 엄청 크고 호감 가는 성격이구나.

· simpático 형 호감가는

# Mi novia es baja y muy linda.
미　노비아 에스　바하 이　무이　린다

내 여자친구는 키가 작고 아주 매력적이야.

· novio/a 명 애인, 연인　· lindo/a 형 매력적인, 귀여운

# Tu hermano menor es guapo y tranquilo.
뚜　에르마노　메노르 에스　구아뽀 이　뜨란낄로

너의 남동생은 잘생겼고 조용한 성격이구나.

· hermano menor 명 남동생　· menor 나이가 더 어린　· tranquilo 형 조용한

# Mi tío es un poco gordo pero inteligente.
미 띠오 에스 운　뽀꼬　고르도 뻬로　인뗄리헨떼

나의 삼촌은 조금 뚱뚱하지만 똑똑하시다.

· tío/a 명 삼촌, 이모부 등 혈연으로 맺어진 부모님의 남자 형제 · 자매　· pero 접 하지만, 그러나

\* 'delgado(마른)'와 'gordo(뚱뚱한)'는 상태 동사 estar와도 사용할 수 있습니다.

# La abuela es bastante joven y generosa.
라　아부엘라 에스　바스딴떼　호벤 이　헤네로사

그 할머니는 꽤 젊으시고 너그러우시다.

· bastante 형부 꽤, 충분히, 상당히　· generoso/a 형 너그러운, 자비로운

# Su hermana mayor es un poco delgada y divertida.
수　에르마나　마요르 에스 운　뽀꼬　델가다 이　디베르띠다

그녀의 언니는 조금 말랐고 재미있는 성격이다.

· su 형 그의, 그녀의 (3인칭 소유형용사)　· hermana mayor 명 언니, 누나　· un poco 부 조금

## 복습 톡톡 · 암기한 바를 쓰고 소리내어 읽어보아요.

**1** 저희 아버지는 키가 크시고 어머니는 친절하세요.

_____

**2** 너 키가 엄청 크고 호감 가는 성격이구나.

_____

**3** 내 여자친구는 키가 작고 아주 매력적이야.

_____

**4** 너의 남동생은 잘생겼고 조용한 성격이구나.

_____

**5** 그녀의 언니는 조금 말랐고 재미있는 성격이다.

_____

**6** 나의 삼촌은 조금 뚱뚱하지만 똑똑하시다.

_____

**7** 그 할머니는 꽤 젊으시고 너그러우시다.

_____

### 정답

1 Mi padre es alto y mi madre es amable.    2 Eres muy alto y simpático.

3 Mi novia es baja y muy linda.    4 Tu hermano menor es guapo y tranquilo.

5 Su hermana mayor es un poco delgada y divertida.

6 Mi tío es un poco gordo pero inteligente.    7 La abuela es bastante joven y generosa.

**1** 당신은 아주 친절하시고 호감 가는 분이세요.

· amable 친절한   · simpático 호감 가는

---

**2** 그들은 아주 긍정적이고 적극적이에요.

· positivo 긍정적인   · activo 적극적인

---

**3** 그 선생님은 꽤 깐깐하시지만 똑똑하셔.

· exigente 깐깐한, 고집스러운

---

**4** 나의 여동생은 예쁘지는 않지만 낙관주의자이다.

· optimista 낙관주의자

---

**5** 그의 이모는 조금 나이가 있으시지만 재밌으시다.

· mayor 나이가 많은   · divertido 재밌는

---

**6** Serena의 형제는 소극적이지도 지루하지도 않다.

· hermano 형제   · tímido 소극적인   · aburrido 지루한   · ni ~도 아니다

---

**7** 내 이상형은 재치 있는 여자이다.

· mujer ideal 이상형 여자   · gracioso 재치 있는

---

**정답**

1 Usted es muy amable y simpático.          2 Son muy positivos y activos.

3 El profesor es bastante exigente pero inteligente.

4 Mi hermana menor no es bonita pero es optimista.     5 Su tía es un poco vieja pero divertida.

6 El hermano de Serena no es tímido ni aburrido.     7 Mi mujer ideal es una mujer graciosa.

가족

Dino

**Lila, ¿Cuántos miembros tiene tu familia?**
릴라,　　　꽌또스　　　미엠브로스　띠에네　뚜　파밀리아?

릴라, 너희 가족은 몇 명이니?

Lila

**Somos cuatro. Mi padre, mi madre,**
소모스　꽈뜨로.　미　빠드레,　미　마드레,

**mi hermano mayor y yo. ¿Y tú?**
미　에르마노　마요르 이　요.　이 뚜?

우리는 4명이야. 아버지, 어머니, 오빠 그리고 나야. 너는?

Dino

**Somos tres. Mis padres y yo.**
소모스　뜨레스.　미스　빠드레스 이　요.

**Somos una familia pequeña.**
쏘모스　우나　파밀리아　뻬께냐.

우리는 3명이야. 나의 부모님과 나야. 소가족이지.

**¡Ah, eres hijo único!**
아,　에레스　이호　우니꼬!

아, 너 외동아들이구나!

Lila

- 가족 구성원 묻기: '너네 가족은 몇 명이니?'

## ¿Cuántos miembros sois en tu familia?
판또스        미엠브로스  소이이스    엔   뚜      파밀리아?

## ¿Cuántos sois en tu familia?
판또스  소이스  엔  뚜      파밀리아?

## ¿Cuántos hay en tu familia?
판또스    아이   엔   뚜      파밀리아?

- 가족 구성원

padres        부모님 ( padre 아버지, madre 어머니 )

hermano/a mayor        오빠 / 언니 / 누나

hermano/a menor        남동생 / 여동생

hijo/a único/a        외동아들 / 외동딸

los/las gemelos/as        쌍둥이

# 잘 지내세요?
estar 동사와 상태 & 위치 & 감정 표현

👉 **포인트 콕!**

• 안부 물을 때 사용했던 '¿Cómo está?' 표현 잘 기억하고 계신가요? 스페인어 **be** 동사 중 **ser** 동사에 이어서 **estar** 동사의 쓰임에 적응해 보도록 하겠습니다. **estar** 동사는 'estoy-estás-está-estamos-estáis-están'로 동사 변화하는데, 1인칭을 제외한 악센트 표시에 주의해주세요!

👉 **패턴 꽉!**

● — **¿Cómo estás? – Estoy bien.**
　　　꼬모　에스따스　　에스또이　　비엔

　　　　　　　　　　　　　　　　　　　　어떻게 지내니? – 잘 지내.

　　**단어** • **bien** 부 잘, 좋게

● — **¿Qué tal estáis? – Estamos muy bien.**
　　　께　딸　에스따이스　　　에스따모스　무이　비엔
　　　　　　　　　　　　　　　너네 어떻게 지내니? – 우리 아주 잘 지내고 있어.

　　**단어** • **muy** 부 아주 (very)

● — **¿Dónde están ellos? – Están en la cafetería.**
　　　돈데　에스딴　에요스　　에스딴　엔　라　카페떼리아
　　　　　　　　　　　　　　　　그들은 어디에 있니? – 카페에 있어.

　　**단어** • **en** 전 ~에, ~안에　• **cafetería** 명 카페

👉 **어휘 더하기!**　　　　　　　　　　　　estar동사와 감정 & 위치 표현

　estar동사는 상태 동사이기 때문에 현재의 기분 상태를 표현할 때 활용할 수 있는 동사입니다. 더불어 무언가의 위치를 표현할 때도 estar동사를 사용하는데요, 이때 자주 붙어 다니는 전치사 'de'는 영어의 'of, from'역할로서 위치표현에서는 '~로 부터'라는 의미로 사용된다고 볼 수 있겠습니다.

| | | | | |
|---|---|---|---|---|
| 감정 | alegre | 즐거운 | triste | 슬픈 |
| | agradable | 기분 좋은 | irritado/a | 짜증 나는 |
| | exitado/a | 신나는 | melancólico/a | 우울한 |
| | feliz | 행복한 | decepcionante | 실망한 |
| 위치 | cerca de | 가까운 | lejos de | 먼 |
| | encima de | 위(에) | debajo de | 아래(에) |
| | delante de | 앞(에) | detrás de | 뒤(에) |
| | a la izquierda de | 왼쪽에 | a la derecha de | 오른쪽에 |

## ¿Cómo está tu hermana? – Está mal.
꼬모  에스따  뚜    에르마나    에스따  말

너의 여자 형제는 어떻게 지내니? – 잘 못 지내고 있어.

• hermana 명 여자 형제   • mal 형부 안 좋은, 나쁜

## ¿Dónde está el hospital? – Está cerca de aquí.
돈데  에스따  엘    오스삐딸    에스따  세르까  데  아끼

병원이 어디에 있나요? – 이 근처에 있습니다.

• hospital 명 병원   • cerca de 숙 ~ 가까이에   • aquí 부 여기

## ¿Dónde está el cajero automático? – Está detrás del banco.
돈데  에스따  엘  까헤로    아우또마띠꼬    에스따  데뜨라스  델    방꼬

현금인출기가 어디에 있나요? – 은행 뒤에 있습니다.

• cajero automático 명 현금인출기(ATM)   • detrás de 숙 ~의 뒤에
* 전치사 de와 남성 정관사 el이 만나면 del로 축약됩니다.

## La casa de Juan está delante de la biblioteca.
라  까사  데  후안  에스따    델란떼  데  라    비블리오떼까

후안의 집은 도서관 앞에 있다.

• casa 명 집   • delante de 숙 ~의 앞에

## La farmacia está a la derecha del correo.
라    파르마씨아  에스따  아 라    데레차  데    꼬르레오

약국은 우체국 오른쪽에 있다.

• farmacia 명 약국   • a la derecha de 숙 ~의 오른쪽에   • correo 명 우체국

## La escuela está al lado de la biblioteca.
라    에스꾸엘라  에스따  알    라도  데  라    비블리오떼까

학교는 도서관 옆에 있다.

• escuela 명 학교   • al lado de 숙 ~옆에   • biblioteca 명 도서관

암기한 바를 쓰고 소리내어 읽어보아요.

**1** 너네 어떻게 지내니? – 우리 아주 잘 지내고 있어.

_____

**2** 너의 여자 형제는 어떻게 지내니? – 잘 못 지내고 있어.

_____

**3** 그들은 어디에 있니? – 카페에 있어.

_____

**4** 병원이 어디에 있나요? – 이 근처에 있습니다.

_____

**5** 현금인출기가 어디에 있나요? – 은행 뒤에 있습니다.

_____

**6** 후안의 집은 도서관 앞에 있다.

_____

**7** 약국은 우체국 오른쪽에 있다.

_____

---

**정답**

1. ¿Qué tal estáis? – Estamos muy bien.　　2. ¿Cómo está tu hermana? – Está mal.
3. ¿Dónde están ellos? – Están en la cafetería.　　4. ¿Dónde está el hospital? – Está cerca de aquí.
5. ¿Dónde está el cajero automático? - Está detrás del banco.
6. La casa de Juan está delante de la biblioteca.　　7. La farmacia está a la derecha del correo.

제시된 어휘를 참고하여 실력을 쌓아요.

**1** Juana는 어떻게 지내? – 그럭저럭 지내.

* **así así** 그럭저럭 (영어로 so so)

**2** Juana의 학교가 어때? – 아주 깨끗해.

* **limpio** 깨끗한

**3** 나는 요즘 아파서 짜증이 난다.

* **estos días** 요즘 • **entermo/a** 아픈 • **irritado/a** 짜증나는 • **así que** 그래서(그 결과)

**4** Victoria는 지금 아주 화가 난 상태다.

* **ahora** 지금 **enfadado/a** 화가 난

**5** 서점은 여기서 멀리 있어요.

* **librería** 서점 • **lejos de** 멀리

**6** 과일 가게는 옷 가게 왼쪽에 있습니다.

* **frutería** 과일 가게 • **tienda de ropa** 옷 가게

**7** 신발 가게는 마트 위에 있습니다.

* **zapatería** 신발 가게 • **encima de(/sobre)** ~ 위에

---

**정답**

1 ¿Cómo está Juana? – Está así así.　　　　2 ¿Cómo está la escuela de Juana? – Está muy limpia.

3 Estos días estoy enfermo/a así que irritado/a.　　4 Victoria está muy enfadada ahora.

5 La librería está lejos de aquí.　　　　6 La frutería está a la izquierda de la tienda de ropa.

7 La zapatería está encima del supermercado.

# 정말 맛있어요.

estar Vs. ser (두 종류의 영어로 be동사 비교)

## 포인트 콕!

• 은근 헷갈리는 ser 동사와 estar 동사! 그동안 배워 온 ser 동사와 estar 동사의 쓰임과 용법을 정리하도록 해요! 또한, 같은 형태여도 ser 동사를 쓰느냐 estar 동사를 쓰느냐에 따라 의미가 완전히 달라지는 형용사들을 소개해드리니 반드시 숙지 부탁드립니다.

## 패턴 꽉!

### ● Ella no es tan guapa pero muy linda.
에야 노 에스 딴 구아빠 뻬로 무이 린다

그녀는 그렇게 예쁘지는 않지만 아주 매력적이다.

• pero 분 그러나, 그런데    • tan 그렇게, 그토록    • lindo/a 매력적인

### ● El vino es de Italia y está bueno.
엘 비노 에스 데 이딸리아 이 에스따 부에노

그 와인은 이탈리아산이고 상태가(/맛이) 좋다.

• vino 명 와인    • ser de 동 ~ (출신·재료·소유)이다.    • bueno/a 좋은

### ● El actor alto está muy cansado.
엘 악또르 알또 에스따 무이 깐사도

그 키 큰 배우는 아주 피곤하다.

• cansado/a 형 피곤한, 지친

## 문법 더하기!

ser동사와 estar동사의 비교

　ser와 estar 동사는 둘 다 영어의 be동사인 '~이다, ~있다'라는 의미로 해석이 됩니다. 다만, ser는 본질과 속성을 나타내고 estar는 상태와 위치를 나타낸다는 특성이 있습니다.
　즉, 사물이나 사람의 상태를 묻고 답하거나 어떠한 장소를 나타내 줄 때는 **ser동사를 사용하면 안 되고**(특정한 행사가 '열리다, 개최하다'라는 의미로는 사용 가능) **estar동사를 사용해줘야 합니다.** 아래의 표를 통해서 확실히 쓰임을 구분해봅시다!

| 구분 | ser | estar |
|------|------|-------|
| 의미 | \~이다, \~있다 (영어의 be동사) | |
| 동사변화 | soy-eres-es-somos-sois-son | estoy-estás-está-estamos-estáis-están |
| 특징 | 속성&본질, 영구적&불변적 | 상태&위치, 일시적&가변적 |
| 예시 1 | ¿Cómo es la manzana? 사과가 어때요?<br>(속성을 물음)<br>- Es redonda. 동그래요. | ¿Cómo está la manzana? 사과가 어때요?<br>(상태를 물음)<br>- Está fría. 차가워요. |
| 예시 2 | ¿Cómo es ella? 그녀는 어때요?<br>(그녀의 본질적인 외모를 물음)<br>- Es alta. 키가 커요. | ¿Cómo está ella? 그녀는 어때요?<br>(그녀가 어떻게 지내는지 상태를 물음)<br>- Está bien. 잘 지내고 있어요. |

## 문장 패턴

**Ignacio es una persona lista pero ahora no está listo.**
이그나시오 에스 우나　페르소나 리스따　뻬로　아오라　노 에스따 리스또
이그나시오는 똑똑한 사람이지만 지금은 준비가 안 되었다.

단어 · **persona** 명 사람　· **listo** 형 (ser동사와 함께) 똑똑한, (estar동사와 함께) 준비된

**Ahora Sara está mala pero no es una mala persona.**
아오라　사라　에스따　말라　뻬로　노 에스　우나　말라　페르소나
지금 사라가 아프지만 나쁜 사람은 아니다.

단어 · **malo** 형 (ser동사와 함께) 못된, 나쁜, (estar동사와 함께) 아픈, 안 좋은

**La situación no es buena pero Elena está buena.**
라　시뚜아씨온　노 에스 부에나　뻬로　엘레나 에스따　부에나
상황은 안 좋지만 엘레나는 건강하다.

단어 · **bueno** 형 (ser동사와 함께) 좋은, (estar동사와 함께) 건강이 좋은

**Unas manzanas son verdes y otras manzanas están verdes.**
우나스　만싸자나스　손 베르데스 이 오뜨라스　만사나스　에스딴　베르데스
몇몇 사과들은 초록색이고 다른 사과들은 덜 익었다.

단어 · **otro** 형 다른　· **verde** 형 (ser동사와 함께) 초록색의, 푸른, (estar동사와 함께) 덜 익은

**El muchacho no es una persona aburrida pero estoy aburrido/a ahora.**
엘　무차초 노 에스 우나　페르소나　아부리다　뻬로 에스또이　아부리도/다　아오라
그 소년은 지루한 사람은 아닌데 나는 지금 심심하다.

단어 · **muchacho** 명 소년　· **aburrido** 형 (ser동사와 함께) 지루한, (estar동사와 함께) 심심한

**Las tapas del bar están muy ricas y el dueño es muy rico.**
라스　따빠스　델 바르　에스딴　무이　리까스 이 엘　두에뇨 에스　무이　리꼬
그 바의 따빠스는 아주 맛있고 그 주인은 아주 부유하다.

단어 · **rico** 형 (ser동사와 함께) 부유한, (estar동사와 함께) 맛있는　· **dueño** 주인

암기한 바를 쓰고 소리내어 읽어보아요.

**1** 그 와인은 이탈리아산이고 상태가(/맛이) 좋다.

_____

**2** 이그나시오는 똑똑한 사람이지만 지금은 준비가 안 되었다.

_____

**3** 지금 사라가 아프지만 나쁜 사람은 아니다.

_____

**4** 상황은 안 좋지만 엘레나는 건강하다.

_____

**5** 몇몇 사과들은 초록색이고 다른 사과들은 덜 익었다.

_____

**6** 그 소년은 지루한 사람은 아닌데 아닌데 나는 지금 심심하다.

_____

**7** 그 바의 따빠스는 아주 맛있고 그 주인은 아주 부유하다.

_____

---

정답

① El vino es de Italia y está bueno.　　② Ignacio es una persona lista pero ahora no está listo.

③ Ahora Sara está mala pero no es una mala persona.　④ La situación no es buena pero Elena está buena.

⑤ Unas manzanas son verdes y otras manzanas están verdes.

⑥ El muchacho no es una persona aburrida pero estoy aburrido/a ahora.

⑦ Las tapas del bar están muy ricas y el dueño es muy rico.

**1** 그는 즐거운 사람은 아닌데 난 오늘 즐겁다.

· persona 사람 · alegre 즐거운 · hoy 오늘

---

**2** 그녀는 백인인데 지금은 더 창백하다.

· blanco 흰 색, 흰 · más 더

---

**3** 그 옷은 새것은 아닌데 새것과 같다.

· ropa 옷 · como ~와 같은 · nuevo 새, 새로운, 새로운 것

---

**4** 나는 미혼이고 그는 현재 싱글이다.

· soltero/a 미혼, 미혼의, 싱글

---

**5** 그는 꽤 좋은 사람인데 현재 잘 지내지 못한다.

· bueno 좋은 · bien 잘

---

**6** 그 소년은 예의 바르고 나의 말에 주의가 깊다.

· chico 소년 · atento (+ser) 예의 바른, (+estar) 주의 깊은 (+a)

---

**7** 우리는 게으르지 않은데 요즘은 좀 게으른 상태다.

· perezoso 게으른 · estos días 요즘

---

**정답**

1 Él no es una persona alegre pero ahora estoy alegre.  2 Ella es blanca pero ahora está más blanca.

3 La ropa no es nueva pero está como nueva.  4 Soy soltero / soltera y él está soltero.

5 Es una persona bastante buena pero ahora no está bien.

6 El chico es atento y está atento a mis palabras.

7 Nosotros/as no somos perezosos/as pero estos días estamos perezosos/as.

소개하기

Dino

## Lila, esta es mi madre.
릴라, 에스따 에스 미 마드레

릴라, 이분이 내 어머니셔.

## Mucho gusto, señora. Soy Lila.
무초 구스또, 세뇨라. 소이 릴라

만나 뵙게 되어 반갑습니다. 릴라입니다.

Liila

La Madre de Dino (디노의 어머니)

## Encantada, Lila. Eres muy guapa.
엔깐따다, 릴라. 에레스 무이 구아빠

만나서 반가워요. 아주 예쁘네요.

## Gracias por el elogio.
그라시아스 뽀르 엘 엘로히오

칭찬해주셔서 감사합니다.

Liila

- **반가움을 나타내는 표현**

Encantado.

엔깐따도

만나서 반가워. (남성이 쓸 때)

Encantada.

엔깐따다

만나서 반가워. (여성이 쓸 때)

Encantado/a de conocerle.

엔깐따도 / 다    데        꼬노쎄를레

당신을 알게 되어 반갑습니다.

Mucho gusto.

무초      구스또

만나서 반가워요. (남녀 공통)

¡Cuánto tiempo!

꽌또        띠엠뽀!

정말 오랜만이다!

¡Por fin nos encontramos!

뽀르   핀   노스          엔꼰뜨라모스!

드디어 우리가 만났구나!

# 13 스페인어 하세요?

주요 기본 동사

• 자 이제 스페인어 기초 동사 ser와 estar를 정복했으니 스페인어에서 자주 쓰이는 기본 동사들을 각 동사군별로 잘 익혀보기로 해요. −ar형, −er형, −ir형 동사군의 규칙 변화를 완벽하게 암기하는 것도 중요합니다.

👉 **패턴 꽉!**

● **¿Hablas español?**
　아블라스　　에스빠뇰

스페인어 하세요?

> • **hablar** 통 말하다　• **español** 형 스페인어, 스페인의
> * 언어명은 hablar동사와 함께 쓰일 때 관사를 생략합니다.

● **Ahora aprendo español.**
　아오라　　　아쁘렌도　　　에스빠뇰

현재 스페인어를 배우고 있어요.

> • **aprender** 통 배우다

● **Escribo español bastante bien.**
　에스끄리보　　　에스빠뇰　　　바스딴떼　　비엔

스페인어를 꽤 잘 쓴다.

> • **escribir** 통 쓰다　• **bastante** 부 꽤, 충분히

👉 **어휘 더하기!**

주요 기본 동사

| -ar형 규칙 변화 | -o, -as, -a, -amos, -áis, -an | 불<br>규<br>칙 | -e- : -ie- / -o- : -ue- |
|---|---|---|---|
| -er형 규칙 변화 | -o, es, -e, -emos, -éis, -en | | |
| -ir형 규칙 변화 | -o, es, -e, imos, -ís, -en | | -e- : -i- / -i- : -ie- |
| -ar형 주요 동사 | comprar 사다, contestar 대답하다, estudiar 공부하다, desear 원하다<br>preguntar 질문하다, preparar 준비하다, usar 사용하다, visitar 방문하다 | | |
| -er형 주요 동사 | comer 먹다, correr 달리다, beber 마시다, deber ~해야 한다<br>devolver 돌려주다, entender 이해하다, leer 읽다, ver 보다, vender 팔다 | | |
| -ir형 주요 동사 | abrir 열다, cubrir 덮다, decidir 결정하다, discutir 토론하다<br>preferir 선호하다, recibir 받다, reunir 모으다, subir 오르다 | | |

## ¿Qué desea usted?
께  데세아  우스뗀

무엇을 원하시나요?

- desear 동 원하다, 갈망하다

## No entiendo bien el español.
노    엔띠엔도    비엔  엘    에스빠뇰

스페인어를 잘 이해하지는 못해요.

- entender 동 이해하다

## Leo todo el día.
레오    또도  엘  디아

나는 하루 종일 책을 읽는다.

- leer 동 읽다    · todo el día 부 하루 종일

## Pienso en ella todos los días.
삐엔소  엔  에야    또도스 로스  디아스

나는 매일 그녀를 생각한다.

- pensar 동 (+en) ~를 생각하다    · todos los días 부 매일

## Prefiero el té al café.
쁘레피에로  엘  떼  알    까페

나는 커피보다 차를 선호한다.

- preferir 동 (+a) 선호하다    · té 명 차

## Debes comer las verduras.
데베스    꼬메르  라스    베르두라스

너 야채를 먹어야 해.

- deber 동 ~해야 한다    · verdura 명 야채

암기한 바를 쓰고 소리내어 읽어보아요.

**1** 스페인어 하세요?

_____

**2** 무엇을 원하시나요?

_____

**3** 나는 하루 종일 책을 읽는다.

_____

**4** 나는 매일 그녀를 생각한다.

_____

**5** 나는 커피보다 차를 선호한다.

_____

**6** 너 야채를 먹어야 해.

_____

**7** 현재 스페인어를 배우고 있어요.

_____

_____

정답

1 ¿Hablas español?　　　　　2 ¿Qué desea usted?

3 Leo todo el día.　　　　　　4 Pienso en ella todos los días.

5 Prefiero el té al café.　　　　6 Debes comer las verduras.

7 Ahora aprendo español.

제시된 어휘를 참고하여 실력을 쌓아요.

**1** 너 팝송 잘 부르니?

• cantar 노래하다 • las canciones pop 팝송

---

**2** 저는 술은 많이 마시지 않아요.

• beber (주류) 마시다

---

**3** 그들은 집 청소를 열심히 하고 있다.

• limpiar 청소하다 • con ahínco 열심히

---

**4** 오늘 너희들은 스페인어 수업에 참여한다.

• asistir 참여하다 • clase 수업

---

**5** 우리는 지금 집에서 직장으로 출발합니다.

• partir 출발하다 • trabajo 직장, 일

---

**6** 한국인들은 스페인어를 아주 잘 발음한다.

• pronunciar 발음하다

---

**7** 그 여학생은 공부를 많이 하고 대답도 아주 잘한다.

• contestar 대답하다 • estudiar 공부하다

---

**정답**

1 ¿Cantas bien las canciones pop?  2 No bebo mucho.

3 Ellos limpian con ahínco la casa.  4 Hoy asistís a la clase de español.

5 Partimos de la casa al trabajo ahora.  6 Los coreanos pronuncian muy bien el español.

7 La estudiante estudia mucho y contesta muy bien.

# 뭐 하니?

hacer 동사와 활용

👆 **포인트 콕!**

- 주요 기본 동사들은 머릿속에 잘 정리해두셨나요~? 스페인어의 hacer 동사는 기본적으로 '하다'라는 뜻을 가지고 있어 영어의 'to do'동사의 역할을 하고 있는 동사랍니다. 그러나 '하다, 행하다'라는 의미 이외에도 '만들다' 또는 사역동사로서 '~하게 하다'라는 의미로도 사용이 되기에 그 다양한 쓰임을 정리해 볼게요. 또한 hacer동사는 1인칭 단수(yo)만 불규칙 변화를 함으로써 'hago–haces–hace–hacemos–hacéis–hacen'으로 동사변화를 합니다.

👆 **패턴 꽉!**

- **¿Qué haces? - Hago ejercicio.**

  께　　아세스　　　아고　　에헤르씨씨오

  뭐해? – 운동해.

  🔁 · hacer 동 하다　· ejercicio 명 운동, 연습

- **Mi papá hace huevos fritos.**

  미　빠빠　　아쎄　　우에보스　　프리또스

  아버지께서 달걀 프라이를 만드신다.

  🔁 · hacer 동 만들다　· huevo 명 달걀　· frito 형명 튀긴, 튀김

- **Él me hace esperar siempre.**

  엘　메　아쎄　　에스페라르　　　시엠쁘레

  그는 나를 항상 기다리게 한다.

  🔁 · hacer 동 ~하게 하다　· me 대 나를, 나에게　· siempre 부 항상

hacer 동사의 다양한 의미

✌️ **어휘 더하기!**

　hacer 동사가 주로 '~하다, 만들다, ~하게 하다'라는 의미로 사용되지만, 아래의 예시문을 통해 정말 다양한 의미로 사용이 된다는 것을 확인하실 수 있습니다. 특히 날씨 표현에서도 hacer 동사를 쓴다는 것을 기억해주세요. hacer 동사를 활용한 날씨 표현은 추후에 교재에서 구체적으로 배우게 되십니다.

**Hoy hace frío.**

오이　아쎄 프리오

오늘 날씨가 춥다.

🔁 · frío 형명 추운, 추위　· hace (3인칭)+날씨 표현 명사 숙 날씨가 ~다.

**¿Qué película hacen hoy?**

께　　뻴리꿀라　　아쎈　오이

오늘 어떤 영화가 상영합니까?

🔁 · película 명 영화　· hacer 동 상영하다

# Victoria hace yoga toda la semana.
빅또리아   아쎄   요가   또다   라   세마나

빅토리아는 일주일 내내 요가를 한다.

• todo 형명 모든, 모든 것   • semana 명 주   • hacer 동 하다

# Víctor hace una sopa todos los fines de semana.
빅또르   아쎄   우나   소빠   또도스   로스   피네스   데   세마나

빅토르는 주말마다 수프를 만든다.

• sopa 명 수프   • fin de semana 명 주말   • hacer 동 만들다

# Ella te hace feliz siempre.
에야   떼   아쎄   펠리스   시엠쁘레

그녀는 너를 항상 행복하게 한다.

• feliz 형 행복한   • hacer 동 ~하게 하다

# El poeta hace un poema.
엘   뽀에따   아쎄   운   뽀에마

시인이 시 한 편을 창작한다.

• poeta 명 시인   • poema 명 시   • hacer 동 만들다(창작하다)

# La productora hace un programa.
라   쁘로둑또라   아쎄   운   쁘로그라마

프로듀서가 한 프로그램을 제작한다.

• productor 명 제작자, 프로듀서   • programa 명 프로그램   • hacer 동 만들다(제작하다)

# La diseñadora hace un vestido.
라   디세냐도라   아쎄   운   베스띠도

디자이너가 옷을 짓는다.

• diseñador 명 디자이너   • vestido 명 옷   • hacer 동 만들다(옷을 짓다)

암기한 바를 쓰고 소리내어 읽어보아요.

**1** 뭐해? - 운동해.

_____

**2** 그녀는 너를 항상 행복하게 한다.

_____

**3** 빅토리아는 일주일 내내 요가를 한다.

_____

**4** 빅토르는 주말마다 수프를 만든다.

_____

**5** 오늘 어떤 영화가 상영합니까?

_____

**6** 프로듀서가 한 프로그램을 제작한다.

_____

**7** 시인이 시 한 편을 창작한다.

_____

정답

1 ¿¿Qué haces? - Hago ejercicio.  2 Ella te hace feliz siempre.
3 Victoria hace yoga toda la semana.  4 Víctor hace una sopa todos los fines de semana.
5 ¿Qué película hacen hoy?  6 La productora hace un programa.
7 El poeta hace un poema.

제시된 어휘를 참고하여 실력을 쌓아요.

**1** 나는 스페인어 연습을 매일 한다.

· todos los días 매일 · práctica 연습, 훈련 + de

---

**2** 주말 내내 날씨가 춥다.

· todos los fines de semana 주말 내내 · frío 추위, 추운

---

**3** 오늘 저녁에는 어머니께서 찌개를 만드신다.

· esta noche 오늘 저녁 · sopa 찌개

---

**4** 우리는 주말에 집에서 과제를 한다.

· fin de semana 주말 · tarea 과제

---

**5** 그 노래는 나를 춤추게 한다.

· canción 노래 · triste 슬픈

---

**6** 나는 소리를 내지 않고 걷는다.

· caminar 걷다 · sin ~없이 · hacer ruido 소리 내다, 시끄럽게 하다

---

**7** Matilda는 스페인에서 친구를 많이 사귀고 있다.

· hacer amigos 친구를 사귀다

---

## 위치 찾기

**Lila**

### Disculpe. ¿Dónde está el Museo del Prado?
디스꿀뻬.       돈데   에스따 엘       무세오   델   쁘라도?
실례합니다. 프라도 박물관이 어디에 있나요?

Un Caminante (행인)

### Todo recto.
또도       ㄹ렉또
계속 직진하세요.

**Lila**

### ¿Esta dirección?
에스따       디렉씨온?
이 방향으로요? (이쪽으로요?)

Un Caminante (행인)

### Sí. Exacto.
씨.       엑싹또
네. 정확합니다.

- **위치 묻기**

¿Dónde está OO?

돈데 　에스따 　OO?

OO가 어디 있나요?

¿Cómo puedo ir a OO?

꼬모 　뿌에도 이르 아 　OO?

OO에 어떻게 가나요?

¿Dónde estamos ahora en este mapa?

돈데 　에스따모스 　아오라 　엔 　에스떼 　마빠?

이 지도에서 저희가 지금 어디에 있나요?

- **ESTAR 위치 표현**

| | cerca (de) | 가까이 |
|---|---|---|
| está / están | lejos (de) | 멀리 |
| | enfrente (de) / delante (de) | 맞은편에 / 앞에 |
| **'장소'를 받아주기에 estar 위치 동사의 3인칭을 사용.** | detrás (de) | 뒤에 |
| | encima (de) / sobre | 위에 |
| **'장소'를 단수로 말하면 está, 복수로 말하면 están.** | debajo (de) | 아래에 |
| | al fondo (de) / al final (de) | 끝에 |
| | a la derecha (de) | 오른쪽에 |
| | a la izquierda (de) | 왼쪽에 |

\* 전치사 de를 사용하면 '~에서부터' 어떠한 위치에 있다는 표현으로 사용합니다.

## 15 운동하는 중이야.
현재진행형과 현재분사

### 포인트 콕!

• 자 이제 스페인어로 "¿ Qué haces?" (뭐해?)라고 물어보면서 원어민과 더 친해지실 수 있게 되셨죠~? 그런데 상대방이 "Estoy haciendo ejercicio."라고 말한다면? 음, "Hago ejercicio."가 무슨 뜻인 줄은 아는데, 뭐라고 하는 걸까요? 바로 "운동해."가 아닌 "운동하고 있는 중이야."라고 현재진행형으로 진행성을 강조하고 있는 것이랍니다. estar 동사에, 진행 의미를 부여할 동사의 어미를 −ando(-ar)/−iendo(-er,−ir)로 바꿔주면 영어의 'to be+ing' 로써 해결 완료!

### 패턴 꽉!

— **¿Qué estás haciendo?**
  께 에스따스    아씨엔도

  뭐 하고 있는 중이야?

  > • hacer 동 ~하다, 만들다, ~하게 하다

— **Estoy cocinando.**
  에스또이    꼬시난도

  요리하는 중이야.

  > • cocinar 동 요리하다

— **¿Estás leyendo?**
  에스따스    레옌도

  너 책 읽는 중이니?

  > • leer 동 읽다

### 문법 더하기!

현재분사

현재진행형에서 estar동사 다음에 붙이는 어미는 바로 현재분사입니다. −ar형 동사는 −ando, -er와 - ir형 동사는 공통적으로 −iendo로 변화합니다. 즉, 영어의 ~ing형태가 스페인어로는 −ando/-iendo 가 되는 것이지요. 불규칙 현재분사도 존재하기에 아래의 내용을 통해 확인하세요. 또한, 현재분사는 estar동사 없이 다른 동사들과 함께 문장 속에서 '~하면서, ~하기에' 등을 의미하는 현재분사의 역할을 담당하기도 합니다.

| 규칙<br>현재분사 | -ar형 동사 | -ando | hablar 말하다 | hablando |
|---|---|---|---|---|
| | -er형 동사 | -iendo | comer 먹다 | comiendo |
| | -ir형 동사 | -iendo | vivir 살다 | viviendo |
| -e- : -i- /<br>-o- : -u- | decir 말하다 | diciendo | dormir 자다 | durmiendo |
| | pedir 요구하다 | pidiendo | poder 할 수 있다 | pudiendo |
| -iendo-<br>: -yendo- | ir 가다 | yendo | leer 읽다 | leyendo |
| | oír 듣다 | oyendo | construir 건설하다 | construyendo |

## Estamos comiendo la paella.
에스따모스　　　　　꼬미엔도　　빠에야

우리는 빠에야를 먹고 있는 중이다.

단어 • comer 동 먹다　• paella 명 스페인식 철판 볶음밥

## ¿Qué estáis viendo?
께　에스따이스　　　비엔도

너네는 뭘 보고 있니?

단어 • ver 동 보다

## Los estudiantes están estudiando.
로스　　　에스뚜디안떼스　　에스딴　　　에스뚜디안도

학생들이 공부를 하고 있는 중이다.

단어 • estudiar 동 공부하다　• estudiante 명 학생

## El señor Jorje está hablando por teléfono.
엘　　세뇨르　　호르헤　에스따　　아블란도　뽀르　　뗄레포노

호르헤씨는 전화 통화 중이십니다.

단어 • hablar por teléfono 숙 전화 통화하다

## Él está hablando de ti.
엘　에스따　　　아블란도　데 띠

그가 너에 대해서 말하고 있는 중이야.

단어 • hablar de 숙 ~에 대해 말하다　• ti 대 (전치격) 너

## Él está diciendo tonterías.
엘　에스따　　디씨엔도　　돈떼리아스

그는 바보 같은 말을 하고 있다.

단어 • decir 동 말하다　• tontería 명 바보 같은 말, 바보 같은 것

• 111

암기한 바를 쓰고 소리내어 읽어보아요.

**1** 뭐하고 있는 중이야?

_____

**2** 우리는 빠에야를 먹고 있는 중이다.

_____

**3** 학생들이 공부를 하고 있는 중이다.

_____

**4** 너네는 뭘 보고 있니?

_____

**5** 호르헤씨는 전화 통화 중이십니다.

_____

**6** 그가 너에 대해서 말하고 있는 중이야.

_____

**7** 그는 바보같은 말을 하고 있다.

_____

제시된 어휘를 참고하여 실력을 쌓아요.

**1** Angela는 샐러드를 주문하고 있다.

· pedir 주문하다, 요청하다, 요구하다 · ensalada 샐러드

---

**2** 너희 뭐에 대해서 말하고 있는 중이니?

· hablar de ~에 대해서 말하다

---

**3** 조용히! 아기가 잠을 자고 있다.

· silencio 조용한 · bebé 아기 · dormir 자다

---

**4** 우리 아빠는 신문을 읽고 계신다.

· leer 읽다 · periódico 신문

---

**5** 그녀는 재즈 음악을 듣고 있다.

· escuchar 듣다 · música 음악 · jazz 재즈

---

**6** 그는 빵을 먹으면서 달린다.

· correr 달리다 · comer 먹다 · pan 빵

---

**7** Hernández는 책을 읽으면서 걸어간다.

· leer 책을 읽다 · andar 걷다

---

**정답**

① Angela está pidiendo la ensalada.  ② ¿De qué estáis hablando?

③ ¡Silencio! El bebé está durmiendo.  ④ Mi padre está leyendo el periódico.

⑤ Ella está escuchando jazz.  ⑥ Él corre comiendo pan.

⑦ Hernández anda leyendo.

# 16 무엇을 원하세요?

querer 동사

 **포인트 콕!**

- 내가 원하는 바를 상대방이 못 알아 들을 때, 또 상대방이 원하는 바를 내가 알아듣지 못할 때 얼마나 답답할까요~? 그 걱정을 말끔히 해결해 줄 want 동사, 스페인어의 querer 동사와 친해지는 시간을 가져 보도록 해요! querer 다음에 명사가 오면 그 명사를 '원한다.'로, 동사원형이 오면 '~하기를 원한다.'라는 뜻으로 사용이 됩니다. 동사변화는 'quiero-quieres-quiere-queremos-queréis-quieren'으로 -e-:-ie-형의 불규칙 동사입니다.

**패턴 꽉!**

- ## Te quiero mucho.
  떼   끼에로   무초

  너를 많이 사랑해.

  **단어 4!** · querer 동 원하다   · te 대 너를, 너에게

- ## Quiero hablar contigo.
  끼에로   아블라르   꼰띠고

  나 너랑 얘기하고 싶어.

  **단어 4!** · hablar 동 말하다   · contigo 대 너와 함께

- ## ¿Quieres ir al cine conmigo?
  끼에레스 이르 알   씨네   꼰미고

  나랑 영화관에 가길 원하니?

  **단어 4!** · ir 동 가다   · conmigo 대 나와 함께

**어휘 더하기!**

스페인어 숫자

스페인어를 배운다면 숫자는 필수적이겠죠? 나름의 규칙을 가지고 있는 스페인어 숫자를 완벽하게 숙지하면 계산할 때도 당당하게! 거스름돈도 정확하게! 받으실 수가 있답니다~

| 1 | 2 | 3 | 4 | 5 | 6 | 7 | 8 | 9 | 10 |
|---|---|---|---|---|---|---|---|---|---|
| uno | dos | tres | cuatro | cinco | séis | siete | ocho | nueve | diez |

| 11 | once | 20 | **veinte** | 30 | tre**inta** | 101 | ciento y uno |
|---|---|---|---|---|---|---|---|
| 12 | doce | 21 | **veinti**uno | 31 | treinta y uno | 200 | dos cientos |
| 13 | tre**ce** | 22 | **veinti**dós | 40 | cuar**enta** | 300 | tres cientos |
| 14 | cator**ce** | 23 | **veinti**trés | 50 | cincu**enta** | 400 | cuatro cientos |
| 15 | quin**ce** | 24 | **veinti**cuatro | 60 | ses**enta** | 500 | quinientos |
| 16 | **dieci**séis | 25 -cinco, 26 -séis | | 70 | set**enta** | 600 | séis cientos |
| 17 | **dieci**siete | 27 | **veinti**siete | 80 | och**enta** | *00 | * + cientos |
| 18 | **dieci**ocho | 28 | **veinti**ocho | 90 | nov**enta** | 1,000 | mil |
| 19 | **dieci**nueve | 29 | **veinti**nueve | 100 | cien | 10,000 | diez mil |

## ¿Qué quiere? - Quiero dos billetes de tren.

께 끼에레 끼에로 도스 비예떼스 데 뜨렌

무엇을 원하세요? – 기차표 2장을 원해요.

• qué 의 무엇 • billete 명 티켓, 표, 지폐 • tren 명 기차


## ¿Quiere algo más?

끼에레 알고 마스

다른 것 더 원하시나요?

• algo 명 어떤 것 (something) • más 부 더


## Marta y Susan quieren descansar.

마르따 이 수산 끼에렌 데스깐사르

마르타와 수잔은 쉬고 싶어 한다.

• descansar 동 휴식하다, 쉬다


## Alberto y tú queréis espaguetis, pero yo no.

알베르또 이 뚜 께레이스 에스빠게띠스 뻬로 요 노

알베르토와 너는 스파게티를 원하지만 나는 아니다.

• espaguetis 명 스파게티


## Queremos hablar bien el español como un español.

께레모스 아블라르 비엔 엘 에스빠뇰 꼬모 운 에스빠뇰

우리는 스페인 사람처럼 스페인어를 잘 말하고 싶다.

• español 명 스페인의, 스페인 사람, 스페인어 • como 부 ~같이, ~로써, ~처럼


## ¿Quieres comer algo o beber una copa?

끼에레스 꼬메르 알고 오 베베르 우나 꼬빠

뭔가를 먹을래 아니면 한잔할래?

• comer 동 먹다 • beber 동 (주로 주류) 마시다 • copa 명 잔, 컵

**1** 너를 많이 사랑해.

_____

**2** 나 너랑 얘기하고 싶어.

_____

**3** 다른 것 더 원하시나요?

_____

**4** 기차표 2장을 원해요.

_____

**5** 알베르토와 너는 스파게티를 원하지만 나는 아니다.

_____

**6** 뭔가를 먹을래 아니면 한잔할래?

_____

**7** 우리는 스페인 사람처럼 스페인어를 잘 말하고 싶다.

_____

---

**정답**

1 Te quiero mucho.  
3 ¿Quiere algo más?  
5 Alberto y tú queréis espaguetis, pero yo no.  
7 Queremos hablar bien el español como un español.

2 Quiero hablar contigo.  
4 Quiero dos billetes de tren.  
6 ¿Quieres comer algo o beber una copa?

**1** 무엇을 원하세요? – 버스 왕복표 4장을 원해요.

　　• ida y vuelta 왕복　• autobús 버스

---

**2** 지하철 편도 티켓 10장을 원해요.

　　• solo ida 편도　• metro 지하철

---

**3** 무엇을 원하시나요? – 아무것도 원하지 않아요.

　　• nada 아무것도 아닌 것

---

**4** 오늘은 너를 보고 싶지 않아.

　　• ver 보다

---

**5** 제 지갑을 찾고 싶어요.

　　• cartera 지갑　• encontrar 만나다, 찾다, 발견하다

---

**6** 그 여자아이는 의사가 되고 싶어 한다.

　　• médico 의사

---

**7** 우리는 더 일하고 싶지 않아요.

　　• trabajar 일하다　• nada más 더이상

---

### 일상 전화 통화

Lila

**Aló. ¿Quién es?**
알로.　　　　끼엔 에스?
여보세요. 누구세요?

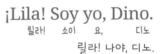

Dino

**¡Lila! Soy yo, Dino.**
릴라!　소이　요,　　　디노
릴라! 나야, 디노.

Lila

**¡Ay, Dino! ¿Qué pasa?**
아이,　　디노!　　께　　빠사?
아, 디노구나! 무슨 일이야?

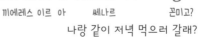

Dino

**¿Quieres ir a cenar conmigo?**
끼에레스 이르 아　쎄나르　　　　꼰미고?
나랑 같이 저녁 먹으러 갈래?

- **위치 묻기**

Aló. ¿Quién eres?

알로.      끼엔    에레스?

여보세요. 누구세요?

Dime. / Diga. / Dígame.

딤메 /    디가 /     디가메

여보세요.

¿Con quién hablo?

꼰     끼엔    아블로?

누구시죠?

No te escucho bien.

노   떼     에스꾸쵸    비엔

잘 안 들려요.

Se ha equivocado/a.

쎄   아      에끼보까도 / 다

잘못 거셨어요.

Te vuelvo a llamar.

떼    부엘보 아     야마르

다시 전화할게.

# 17 써도 되나요?

poder 동사

## 👆 포인트 콕!

- 원하는 바를 명확하게 밝혔으니 이번에는 허락을 받아 보도록 할까요? 영어의 can 동사에 해당하는 스페인어의 poder 동사를 활용해 보아요. poder 동사 또한 뒤에 명사가 오면 명사가 가능하다는 의미로 또 동사가 오면 '~할 수 있다.'라는 의미로 사용됩니다. -o-:-ue-형의 불규칙 동사로서 'puedo-puedes-puede-podemos-podéis-pueden'으로 동사변화합니다.

## 👆 패턴 꽉!

— **¿Puedo usar esto?**
뿌에도 우사르 에스또

이거 사용해도 돼요?

> • **usar** 동 사용하다 • **esto** 대 이것 (중성형)

— **No puedo conducir.**
노 뿌에도 꼰두씨르

저 운전 못 해요.

> • **conducir** 동 운전하다

— **Saber es poder.**
싸베르 에스 뽀데르

아는 것이 힘이다.

> • **saber** 동 알다 • **poder** 명 힘

## 👆 어휘 더하기!

패션 잡화 용어

| abrigo | 외투, 겉옷 | chaqueta | 재킷 |
|---|---|---|---|
| camisa | 셔츠 | camiseta | 티셔츠 |
| pantalones | 바지 | vaqueros | 청바지 |
| falda | 치마 | vestido | 원피스 |
| zapato | 구두, 신발 | zapatilla | 운동화 |
| bufanda | 목도리 | corbata | 넥타이 |
| sombrero | 챙이 넓은 모자 | gorra | 캡 류의 모자 |
| bolsa | 가방, 핸드백 | cartera | 지갑 |
| calcetín | 양말 | medias | 스타킹 |
| ropa interior | 속옷 | pijama | 파자마, 잠옷 |

## ¿Qué tamaño quiere Ud.?
껨    따마뇨    끼에레 우스뗃

어떤 사이즈로 원하세요?

**단어** • tamaño 몡 사이즈, 크기

## Puedes probarlo.
뿌에데스      쁘로바를로

너는 그것을 시도할 수 (입어볼 수/신어볼 수/먹어볼 수) 있어.

**단어** • probar 동 시도하다 (~se: 입어보다, 신어보다, 먹어보다)   • lo 대 그것 (중성대명사)

## No tengo dinero por eso no puedo comprarlo.
노    뗑고    디네로  뿌르  에소  노    뿌에도      꼼쁘라르로

돈이 없어서 그것을 살 수가 없다.

**단어** • tener 동 가지다   • dinero 몡 돈   • por eso 뿌 그래서

## Puede comprar esta camisa de otro color.
뿌에데      꼼쁘라르  에스따      까미사  데  오뜨로    꼴로르

이 셔츠를 다른 색상으로 구매하실 수 있으세요.

**단어** • comprar 동 사다   • este 혱 이 (지시형용사)   • camisa 몡 셔츠

## No puede fumar en este edificio.
노    뿌에데    푸마르    엔  에스떼    에디피씨오

이 건물에서는 흡연하실 수 없습니다.

**단어** • fumar 동 흡연하다   • edificio 몡 건물

## Chicos, no podéis dormir aquí.
치꼬스  노    뽀데이스      도르미르      아끼

애들아, 여기서 잘 수 없단다.

**단어** • dormir 동 자다   • aquí 뿌 여기

암기한 바를 쓰고 소리내어 읽어보아요.

**1** 이거 사용해도 돼요?

_____

**2** 어떤 사이즈로 원하세요?

_____

**3** 너는 그것을 시도할 수 있어.

_____

**4** 돈이 없어서 그것을 살 수가 없다.

_____

**5** 이 셔츠를 다른 색상으로 구매하실 수 있으세요.

_____

**6** 이 건물에서는 흡연하실 수 없습니다.

_____

**7** 애들아, 여기서 잘 수 없단다.

_____

---

정답

1 ¿Puedo usar esto?     2 ¿Qué tamaño quiere Ud.?

3 Puedes probarlo.     4 No tengo dinero por eso no puedo comprarlo.

5 Puede comprar esta camisa de otro color.     6 No puede fumar en este edificio.

7 Chicos, no podéis dormir aquí.

**1** 이 음식 먹어봐도 돼요?

• comida 음식  • ensalada 샐러드

---

**2** 이 청바지 36 사이즈로 살 수 있을까요?

• jeans, vaqueros 청바지  • tamaño 사이즈

---

**3** 죄송합니다만, 카드로 계산하실 수 없습니다.

• tarjeta (de crédito) 카드  • pagar 지불하다

---

**4** 이 외투 환불할 수 있나요?

• reembolsar 환불하다  • abrigo 외투

---

**5** 모든 가방은 교환하실 수 없습니다.

• bolso 가방 •  cambiar 교환하다, 바꾸다

---

**6** 너 한국 음식 요리할 수 있니?

• comida 음식  • coreano 한국의

---

**7** 오직 현금 결제만 가능하십니다.

• en efectivo 현금으로

---

정답

1 ¿Puedo probar esta comida?  2 ¿Puedo comprar estos vaqueros de tamaño treinte y seis?

3 Lo siento pero no puede pagar con tarjeta (de crédito).

4 ¿Puedo reembolsar este abrigo?  5 No puede cambiar todos los bolsos.

6 ¿Puedes cocinar la comida coreana?  7 Puede pagar solo en efectivo.

# 스페인어권 세계 속으로!

## 생생문화 04 스페인과 아르헨티나의 춤

'정열의 춤'하면 떠오르는 살사! 살사는 스페인과 중남미에서 무척 사랑받는 춤입니다. 본래 쿠바에서부터 시작된 살사(Salsa)는 스페인어로 '소스'라는 뜻으로 '플레인(Plain)'한 일상에 '핫(Hot)'한 소스를 곁들임과 같이, 춤으로서 인생의 다채로움을 나타내어 주고 있지 않나 싶습니다.

살사의 '새빨간 매력'을 닮은 스페인권의 춤으로 스페인의 플라멩꼬와 아르헨티나의 땅고가 대표되는데요, 어떤 매력을 가진 춤들인지 함께 알아볼까요?

### 플라멩꼬 (Flamenco)

먼저 스페인의 플라멩꼬(Flamenco)는 집시들이 동굴에 모여 춤과 노래로 삶의 애환을 풀던 것에서 시초 되었답니다. 거친 목소리의 노래(Cante, 깐떼), 플라멩꼬 기타 연주(Toque, 또께) 그리고 춤(Baile, 바일레)가 어우러져 삼박자를 이루는데요, 손과 발로 박자를 잘 맞추는 것이 중요합니다. 플라멩꼬는 스페인 남부 안달루시아 지역에서 이슬람 색채와 혼합되어 탄생한 정열의

춤이랍니다. 특히 플라멩꼬의 손동작이 '홍학(Flamingo)'를 닮아 '플라멩꼬'라는 이름이 붙여졌다고 하는 설이 있어요. 또한, 스페인어로 'Flama'는 '불꽃'을 의미하는데 당시 집시들 사이에서는 은어로서 '화려한'이라는 의미로 사용이 되었기에 지금과 같은 명칭을 가지게 되었다는 이야기도 있습니다. 집시들의 애환과 정열이 담긴 이 화려한 춤은 스페인의 작은 바에서 혹은 큰 공연으로도 감상하실 수 있으니 스페인에 가신다면 반드시 놓치지 않으셔야 되겠죠~?

### 땅고 (Tango)

그렇다면 아르헨티나의 땅고는 어떤 춤일까요~? 아프리카어로 '만남의 장소' 혹은 '특별한 만남'이라는 뜻을 가지고 있는 Tango는 아르헨티나의 부에노스아이레스의 하층민들이 추던 춤에서 시작되었습니다. 본래의 이름은 '멈추지 않는 춤'이라는 뜻의 '바일레 데 꼬르떼(Baile de Corte)'였으나 유럽 전역에 인기를 끌기 시작하여 아프리카에까지 확산돼 아프리카어로 지금의 'Tango'라는 명칭을 가지게 되었어요.

여성은 풍성한 스커트, 남성은 목이 긴 부츠에 가우초(Gaucho)라는 바지를 입고 춤을 춰야 하기에 큰 모션으로 발전한 화려한 동작들이 오늘날의 탱고 기본 동작들이 되었고 오늘날 많은 사람에게 열정적이고 감각적인 춤으로 인정받고 있습니다.

아르헨티나 사람들의 탱고 사랑은 각종 탱고용품으로 느껴 보실 수 있는데요, 탱고 조각이 들어간 벽시계부터 화려한 액자, 아기자기한 탱고 열쇠고리까지, 센스 있는 선물이자 추억할 만한 기념품들도 꼭 잊지 않으시길 바랍니다.

# 03장

## 세 마디로 시원하게 말해요!

# 18 우리 열심히 공부해요.

부사와 색상 표현

### 포인트 콕!

• 구체적인 표현을 돕는 스페인어 부사는 형용사의 어미에 −mente를 붙여주면 간단하게 변신하는데요, 여성으로 대우하기 때문에 해당 형용사가 −o로 끝났을 경우, 즉 남성형은 여성형 −a로 바꿔주고 −mente를 붙여 주셔야 해요. 예를 들어, '느린'이라는 형용사 'lento'를 '느리게'라고 부사로 만들고 싶다면 'lentamente'가 됩니다. 더불어, 여러 부사를 연달아 사용할 때는 −mente를 마지막에 한 번만 사용하고, 전치사 'con' 다음에 추상 명사를 붙여 부사로 만들어 줄 수도 있답니다.

### 패턴 꽉!

— **Estudiamos apasionadamente.**
에스뚜디아모스　　　　　아빠시오나다멘떼

우리 열심히 공부해요.

> • estudiar 동 공부하다　• apasionadamente 부 열정적으로, 열심히

— **Comemos sanamente.**
꼬메모스　　　　사나멘떼

우리는 건강하게 먹는다.

> • comer 동 먹다　• sanamente 부 건강하게

— **Él me trata con cariño.**
엘　메　뜨라따　꼰　까리뇨

그는 나에게 애정있게 대해준다.

> • tratar 동 대우하다　• cariño 명 애정, 친절함　• me 대 나를, 나에게

### 어휘 더하기!

스페인어 색상

　색상을 스페인어로 잘 알고 있으면 내가 어떤 색의 가방을 원하는지, 상대방이 좋아하는 색상은 무슨 색인지, 어떠한 사물이나 사람을 묘사할 때 더 구체적인 표현이 가능하겠죠?
　아래의 색상들에 claro/a(밝은) 또는 oscuro/a(어두운)이라는 형용사로 수식해주면 더욱 다양한 색상 표현이 가능합니다.

| blanco/a | 흰색/의 | negro/a | 검정색/의 |
|---|---|---|---|
| marfil | 아이보리색/의 | gris | 회색/의 |
| amarillo/a | 노란색/의 | marrón | 갈색/의 |
| naranja | 주황색/의 | violeta | 보라색/의 |
| rojo/a | 빨간색/의 | rosa | 분홍색/의 |
| verde | 초록색/의 | azúl | 파란색/의 |

# Voy a la Casa Blanca afortunadamente.

보이 알 라  까사  블랑까  아포르뚜나다멘떼

운 좋게도 나는 백악관에 간다.

• ir 동 가다  • casa blanca 명 백악관  • afortunadamente 부 운 좋게

# Quiero el vestido negro exactamente.

끼에로 엘  베스띠도  네그로  엑싹따멘떼

저는 정확하게 검정 원피스를 원합니다.

• querer 동 원하다  • vestido 명 원피스  • negro 형명 검은색의, 검정색  • exactamente 부 정확하게

# ¿Probablemente puedo comprar esto de color marrón?

쁘로바블레멘떼  뿌에도  꼼쁘라르 에스또 데 꼴로르  마르론

혹시 이것을 갈색으로 살 수 있을까요?

• comprar 동 사다  • color 명 색상  • marrón 형 갈색의, 갈색
• esto 대 이것  • probablemente 부 아마도, 혹시

# El diseñador está haciendo la camisa roja apasionadamente.

엘  디세냐도르  에스따  아씨엔도 라  까미사  로하  아빠시오나다멘떼

그 디자이너는 열정적으로 빨간 셔츠를 만들고 있다.

• hacer 동 하다, 만들다  • camisa 명 셔츠  • rojo 형 빨간색의, 빨강
• apasionadamente 부 열정적으로

# Debemos ir a estudiar rápidamente.

데베모스 이르 아  에스뚜디아르  르라삐다멘떼

우리는 빨리 공부하러 가야 한다.

• deber 동 ~해야 한다  • estudiar 동 공부하다  • rápidamente 부 빨리

# Ellos siempre trabajan sin descanso.

에요스  시엠쁘레  뜨라바한  신  데스깐소

그들은 항상 쉼 없이 일한다.

• trabajar 동 일하다  • sin 전 ~없이  • descanso 명 휴식  • siempre 부 항상

암기한 바를 쓰고 소리내어 읽어보아요.

**1** 우리는 건강하게 먹는다.

_____

**2** 운 좋게도 나는 백악관에 간다.

_____

**3** 그 디자이너는 열정적으로 빨간 셔츠를 만들고 있다.

_____

**4** 저는 정확하게 검정 원피스를 원합니다.

_____

**5** 혹시 이것을 갈색으로 살 수 있을까요?

_____

**6** 우리는 빨리 공부하러 가야 한다.

_____

**7** 그들은 항상 쉼 없이 일한다.

_____

---

**정답**

1 Comemos sanamente.  2 Voy a la Casa Blanca afortunadamente.

3 El diseñador está haciendo la camisa roja apasionadamente.

4 Quiero el vestido negro exactamente.  5 ¿Probablemente puedo comprar esto de color marrón?

6 Debemos ir a estudiar rápidamente.  7 Ellos siempre trabajan sin descanso.

제시된 어휘를 참고하여 실력을 쌓아요.

**1** 혹시 이것을 사용해도 될까요?

• probablemente 혹시  • esto 이것

---

**2** 우리는 빨리 일하러 가야 한다.

• trabajar 일하다  • rápidamente 빨리

---

**3** 저는 정확하게 파란색 운동화를 원합니다.

• azúl 파란색  • zapatilla 운동화

---

**4** 어머니께서는 열정적으로 김치를 만들고 계신다.

• kimchi 김치

---

**5** 운 좋게도 나의 소울메이트를 만나고 있다.

• mi 나의  • encontrar 찾다, 만나다, 발견하다  • media naranja 소울메이트

---

**6** 건강하게 생각하는 것은 아주 중요하다.

• importante 중요한  • pensar 생각하다

---

**7** 충분히 잠을 자는 것은 정말 필요하다.

• necesario 필요한  • dormir 자다  • suficientemente 충분하게

---

정답

1 ¿Probablemente puedo usar esto?　　2 Debemos ir a trabajar rápidamente.

3 Quiero comprar la zapatilla azúl exactamente.　　4 La madre hace kimchi apasionadamente.

5 Encuentro a mi media naranja afortunadamente.　　6 Es muy importante pensar sanamente.

7 Es muy necesario dormir suficientemente.

비즈니스 전화 통화

**Dino**

Buenas tardes. Soy Dino de Compañía Alegría.
부에나스　따르데스.　소이　디노　데　　　꼼빠니아　알레그리아
안녕하세요. 저는 알레그리아 사의 디노입니다.

Una Secretaria (비서)

Buenas tardes, señor Dino. ¿De qué departamento, por favor?
부에나스　따르데스,　세뇨르　디노.　데　께　　　데빠르따멘또,　뽀르　파보르?
안녕하세요, 디노 씨. 어느 부서에서 연락 주셨죠?

**Dino**

De ventas. ¿Podría hablar con la señora Rebeca?
데　벤따스.　뽀드리아　아블라르　꼰　라　세뇨라　　르레베까?
영업부입니다. 레베카 씨와 통화 가능할까요?

Una Secretaria (비서)

Voy a consultarlo. Un momento, por favor.
보이 아　　　꼰술따를로.　운　　　모멘또,　뽀르　파보르
확인해 보겠습니다. 잠시만 기다려주세요.

- **비즈니스 전화 통화 표현**

## ¿De qué parte, de quién?

데 께 빠르떼, 데 끼엔?

어느 소속의 누구시죠?

## Quiero hablar con el/la señor/a/señorita OO.

끼에로 아블라르 꼰 엘/ 라 세뇨르/라/ 세뇨리따 OO

OO 씨와 통화하기를 원합니다.

## ¿Hay alguien que hable inglés?

아이 알기엔 께 아블레 잉글레스?

영어 하시는 분 있나요?

## ¿Quiere dejar un mensaje?

끼에레 데하르 운 멘사헤?

메모 남기시길 원하시나요?

## Envíeme un mensaje de texto.

엔비에메 운 멘사헤 데 떽스또

문자 메시지 보내주세요.

## Volveré a llamar.

볼베레 아 야마르

다시 전화 드리겠습니다.

• 133

# 19

# 근처에 카페 있나요?

hay 동사, estar Vs. hay

✍️ **포인트 콕!**

• 존재 및 재고 유무를 확인할 때 '~가 있나요?'라는 질문을 하겠죠? '있다'라는 의미로 사용하는
estar 동사 이외에, 영어의 'There is/are'의 의미로 사용되는 **hay** 동사가 있답니다.
때문에 estar 동사와 비교되어 사용되는데요, hay 동사는 동사변화 없이 hay 하나의 형태만
존재해요. 우선 hay 동사의 쓰임을 익혀본 후 estar동사와 hay동사를 비교하여 보겠습니다.

✋ **패턴 꽉!**

● **¿Hay cafetería cerca de aquí?**
아이　　까페떼리아　쎄르까　데　아끼

이 근처에 카페 있나요?

　　🔊 • cafetería 몡 커피숍　 • cerca de aquí 뿐 이 근처에

● **Hay un perro en la habitación.**
아이　운　뻬르로　엔 라　　아비따시온

방에 개 한 마리가 있습니다.

　　🔊 • perro 몡 개　 • habitación 몡 방

● **Hay coches en el aparcamiento.**
아이　꼬체스　엔 엘　　아빠르까미엔또

주차장에 차들이 있습니다.

　　🔊 • coche 몡 자동차　 • aparcamiento 몡 주차장

👆 **문법 더하기!**

estar Vs. hay

| hay | estar |
|---|---|
| 불특정 | 특정 |
| 부정관사 / 관사 없음 | 정관사 / 고유명사 |
| 형태 변화 없음 | 형태 변화 있음 |

**¿Hay una farmacia cerca de aquí?**
아이　우나　　파르마시아　쎄르까　데　아끼
→ 특정 약국이 아닌 아무 약국이나 이 근처에 있는지 없는지 확인하고 있음

이 근처에 약국이 있나요?

**¿Está la farmacia Hatvit cerca de aquí?**
에스따 라　　파르마시아　　햇빗　세르까　데　아끼
→ 아무 약국이 아닌 꼭 햇빛 약국이 있는지 확인하고 있음

이 근처에 햇빛 약국이 있나요?

Hay la casa. [X]　　　　　　　→　Está la casa. [O] / Hay casa. [O]

¿Hay María en la casa? [X]　　→　¿Está María en la casa? [O]

## Hay un restaurante coreano.
아이 운 레스따우랑떼 꼬레아노

한 한식당이 있다.

· restaurante 몡 레스토랑 · coreano 혱 한국의

## Hay solo dos camareros en este bar.
아이 솔로 도스 까마레로스 엔 에스떼 바르

이 바에는 오직 두명의 웨이터만 있다.

· solo 뷰 오직 · camarero 몡 웨이터 · bar 몡 바

## ¿Hay libros de artes aquí en la librería?
아이 리브로스 데 아르떼스 아끼 엔 라 리브레리아

여기 서점에 미술책이 있나요?

· libro 몡 책 · arte 몡 예술, 미술 · librería 몡 서점

## Está el banco Santander al lado de correos.
에스따 엘 방꼬 산딴데르 알 라도 데 꼬레오스

우체국 옆에 산탄데르 은행이 있다.

· banco 몡 은행 · al lado de 뷰 ~의 옆에 · correos 몡 우체국

## Hay un banco grande junto al parque.
아이 운 방꼬 그란데 훈또 알 빠르께

공원 옆에 큰 은행이 하나 있다.

· grande 혱 큰 · junto a 몡 ~의 옆에 · parque 몡 공원

## La Estatua de la Libertad está en Nueva York.
라 에스따뚜아 데 라 리베르딸 에스따 엔 누에바 요르끄

뉴욕에 자유의 여신상이 있다.

· Estatua de la Libertad 몡 자유의 여신상 · Nueva York 몡 뉴욕

**1** 이 근처에 카페 있나요?

_____

**2** 방에 개 한 마리가 있습니다.

_____

**3** 한 한식당이 있다.

_____

**4** 여기 서점에 미술책이 있나요?

_____

**5** 우체국 옆에 산탄데르 은행이 있다.

_____

**6** 공원 옆에 큰 은행이 하나 있다.

_____

**7** 뉴욕에 자유의 여신상이 있다.

_____

---

**정답**

1 ¿Hay cafetería cerca de aquí?　　　　2 Hay un perro en la habitación.

3 Hay un restaurante coreano.　　　　4 ¿Hay libros de artes aquí en la librería?

5 Está el banco Santander al lado de correos.　　6 Hay un banco grande junto al parque.

7 La Estatua de la Libertad está en Nueva York.

제시된 어휘를 참고하여 실력을 쌓아요.

**1** 이 도시에 박물관들이 있나요?

· museo 박물관 · ciudad 도시

**2** 프라도 박물관이 어디에 있나요?

· el Museo del Prado 프라도 박물관

**3** 정원에 예쁜 꽃들이 많이 있다.

· flor 꽃 · jardín 정원

**4** Karina의 장미가 테이블 위에 있다.

· sobre ～위에, ～에 대해 · mesa 테이블

**5** 레스토랑들이 어디에 있나요?

· restaurante 레스토랑

**6** 그 이탈리안 식당이 이쪽에 있나요?

· por aquí 이쪽

**7** 이 서점에는 15개 언어의 사전들이 많이 있습니다.

· diccionario 사전 · idioma 언어

---

**정답**

1 ¿Hay museos en esta ciudad?   2 ¿Dónde está el Museo del Prado?

3 Hay muchas flores bonitas en el jardín.   4 La rosa de Karina está en la mesa.

5 ¿Dónde hay restaurantes?   6 ¿El restaruante italiano está por aquí?

7 Hay muchos diccionarios de quince idiomas en esta libería.

# 저 돈이 없어요.
tener 동사와 형용사

---

# 20

**포인트 콕!**

• 드디어 스페인어의 대표 필수 동사 중에 하나인 tener 동사를 배우게 되시네요! tener 동사는 '가지다, 가지고 있다'를 의미하는데요, 단독으로뿐만 아니라 여러 명사와 함께 일상생활에서 정말 많이 사용된답니다. – e –: – ie –형 불규칙 동사로써 동사변화는 'tengo – tienes – tiene – tenemos – tenéis – tienen'입니다. 자 그럼 tener 동사의 기본 쓰임부터 관용 표현까지 배워보도록 할까요?

---

**패턴 꽉!**

● **No tengo dinero.**
　　노　　　뗑고　　　디네로

저 돈이 없어요.

　　**단어** • dinero 명 돈

● **¿Quizá tienes novio?**
　　끼싸　띠에네스　　노비오

혹시 남자친구 있으세요?

　　**단어** • quizá 부 혹시, 아마도 • novio 명 애인, 연인, 남자친구, 여자친구

● **¿Ud. tiene hijos?**
　　우스뗄　띠에네　　이호스

자녀 있으세요?

　　**단어** • hijo 명 자녀

---

tener 관용 표현

**어휘 더하기!**

tener 동사 다음에 아래의 명사들을 붙이면 'OO를 가지고 있다'라는 뜻으로 해석되어 다양한 표현이 가능합니다. 활용하기 위한 암기는 필수겠죠? 'poco(조금)/ bastante(꽤, 충분히)/ mucho(많이)'를 가지고 정도 표현도 가능하답니다.

| calor 더위 | tener calor | 덥다 |
|---|---|---|
| curiosidad 호기심 | tener curiosidad | 궁금하다 |
| dolor 고통 | tener dolor(de+신체부위) | (신체 부위)가 아프다 |
| miedo 무서움 | tener miedo | 무섭다 |
| frío 추위 | tener frío | 춥다 |
| hambre 배고픔 | tener hambre | 배고프다 |
| interés 흥미, 관심 | tener interés(en) | 관심 있다 |
| prisa 서두름 | tener prisa | 급하다 |
| sed 갈증 | tener sed | 목마르다 |
| sueño 꿈, 잠 | tener sueño | 졸리다 |

# Ella tiene dos gatos.
에야  띠에네  도스  가또스

그녀는 두 마리의 고양이를 가지고 있다.

단어 • gato 명 고양이

# ¿No tienes frío?
노  띠에네스  프리오

너 안 춥니?

단어 • frío 명 추위

# Tengo mucha hambre.
뗑고  무차  암브레

나 너무 배고파.

단어 • hambre 명 배고픔

# Él siempre tiene curiosidad por mí.
엘  시엠쁘레  띠에네  꾸리오시닫  뽀르  미

그는 항상 나에 대해 궁금해한다.

단어 • curiosidad 명 호기심  • mí 대 나 (전치격)

# Tienen bastante interés en el cine.
띠에넨  바스딴떼  인떼레스  엔  엘  씨네

그들은 영화에 충분한 관심을 가지고 있다.

단어 • interés 명 갈증  • cine 명 영화

# Tenéis poco sueño.
떼네이스  뽀꼬  수에뇨

너희 조금 졸리구나.

단어 • sueño 명 꿈, 잠

암기한 바를 쓰고 소리내어 읽어보아요.

**1** 돈이 없어요.

_____

**2** 자녀 있으세요?

_____

**3** 너 안 춥니?

_____

**4** 나 너무 배고파.

_____

**5** 너희 조금 졸리구나.

_____

**6** 그는 항상 나에 대해 궁금해한다.

_____

**7** 그들은 영화에 충분한 관심을 가지고 있다.

_____
_____

---

**정답**

1 No tengo dinero.                    2 ¿Ud. tiene hijos?

3 ¿No tienes frío?                    4 Tengo mucha hambre.

5 Tenéis poco sueño.                  6 Él siempre tiene curiosidad por mí.

7 Tienen bastante interés en el cine.

제시된 어휘를 참고하여 실력을 쌓아요.

**1** 나 오늘 밤에는 안 나가고 싶어. 너무 졸려.

· salir 나가다 · sueño 꿈, 잠

**2** 우리는 시간이 많지 않다. 급하다.

· tiempo 시간 · prisa 급함

**3** 공부를 해야 하는데 배가 고프다.

· deber ~해야 한다 · hambre 배고픔

**4** 그는 더워서 문을 연다.

· calor 더위 · abrir 열다 · puerta 문

**5** 저희 돈이 없어요. 할인해주세요.

· dinero 돈 · descuento 할인

**6** 운동을 열심히 해서 갈증이 난다.

· hacer ejercicio 운동하다 · sed 갈증

**7** Raul은 너무 졸려서 커피를 마신다.

· tomar 마시다 · por eso 그래서 · sueño 잠, 꿈

---

**정답**

1 No quiero salir esta noche. Tengo mucho sueño.　2 No tenemos mucho tiempo. Tenemos prisa.

3 Debo estudiar pero tengo hambre.　4 Tiene calor por eso abre la puerta.

5 No tengo dinero. Un descuento, por favor.　6 Hago ejercicio apasionadamente por eso tengo sed.

7 Raúl tiene mucho sueño por eso toma el café.

### 나이 문답

Lila

**Por cierto, ¿Cuántos años tienes, Dino?**
뽀르 씨에르또,　판또스 아뇨스 띠에네스,　디노?
그런데, 너 몇 살이야, 디노?

Dino

**Tengo veinticinco años. ¿Y tú?**
뗑고　베인띠씽꼬 아뇨스. 이 뚜?
나는 25살이야. 너는?

Lila

**¡Tenemos la misma edad! ¡Qué sorpresa!**
떼네모스 라　미스마　에닫! 께　소르쁘레사!
우리 동갑이야! 놀라라!

Dino

**Ja ja. No es una sorpresa para mí.**
하 하.　노 에스 우나　소르쁘레사　빠라 미
하하. 나에게는 놀라운 일이 아니야.

### • 나이 물어보기

¿Cuántos años tienes? — 너 몇 살이니?
꽌또스 아뇨스 띠에네스?

¿Cuántos años tiene? — (존칭) 나이가 어떻게 되세요?
꽌또스 아뇨스 띠에네?

¿Qué edad tienes? — 몇 살이야?
께 에닫 띠에네스?

¿Qué edad tiene? — (존칭) 몇 살이세요?
께 에닫 띠에네?

### • 나이 말하기

Tengo OO años. — OO(숫자) 살이야.
뗑고 OO 아뇨스

Soy adolescente. — 저는 10대입니다.
소이 아돌레스센떼

Soy veinteañero/a. — 저는 20대입니다.
소이 베인떼아녜로 / 라

Soy treintañero/a. — 저는 30대입니다.
소이 뜨레인따녜로 / 라

Soy cuarentón/a. — 저는 40대입니다.
소이 꽈렌똔 / 꽈렌또나

Soy cincuentón/a. — 저는 50대입니다.
소이 씽꿴똔 / 씽꿴또나

Soy sesentón/a. — 저는 60대입니다.
소이 세쎈똔 / 세쎈또나

# 뭐 해야 하니?

의무감 표현

 **포인트 콕!**

• 상대방이 의무 사항에 대해 말한다면 알아듣지 못하고 실례를 끼치는 일이 없어야겠죠~? 아시다시피 스페인어로 의무감을 나타내는 동사에는 'deber'를 꼽을 수 있습니다. 그러나, 이 동사 못지않게 자주 사용이 되는 tener que 그리고 hay que 또한 '~해야 한다'라는 의미로 활용이 되는데요, 이 두 표현의 que 이후에는 동사원형을 넣어주시면 됩니다. 그럼, 세 가지 의무감 표현의 차이점은 무엇일까요?

**패턴 꽉!**

○— **Debes reservar.**
　　데베스　　ㄹ레세르바르

　　　　　　　　　　　　　　　　　　　　　　　　예약해야 한다.

　　단어 • **deber** 동 ~해야 한다　　• **reservar** 동 예약하다

○— **Tienes que estudiar.**
　　띠에네스　　께　　에스뚜디아르

　　　　　　　　　　　　　　　　　　　　　　　　너는 공부해야 한다.

　　단어 • **tener que** 동 ~해야 한다　　• **estudiar** 동 공부하다

○— **Hay que dormir bastante.**
　　아이　　께　　도르미르　　바스딴떼

　　　　　　　　　　　　　　　　　　　(사람들은) 충분히 잠을 자야 한다.

　　단어 • **hay que** 동 ~해야 한다　　• **dormir** 동 자다　　• **bastante** 부 충분히

**문법 더하기!**　　　　　　　　　　　　　　deber Vs. tener que Vs. hay que

　세 가지 모두 '~해야 한다'는 표현이지만 쓰임에 차이가 있습니다. 먼저, tener que와 deber 의 경우는 각각 주어에 따른 동사변화가 가능하기 때문에 특정 주어를 받아 줄 수 있지만 hay que 는 hay가 변화하지 않기 때문에 '사람들'을 일반 주어로 받아 줍니다. 보통 tener que보다 deber가 좀 더 의무감을 강조하는 뉘앙스로 사용이 된다는 차이가 있습니다.

| deber & tener qur + inf. 특정 대상의 의무감 표현 | hay que + inf. 보편적인 의무감 표현 |
|---|---|

**Debo/Tengo que hacer ejercicio para dieta.**
데보/　　 뗑고　　 께　　 아쎄르　　 에헤르씨시오　　 빠라　　 디에따

　　　　　　　　　　　　　　　　다이어트를 위해서 나는 운동을 해야 한다.

　단어 • **deber/tener que** 동 ~해야 한다　• **hacer ejercicio** 동 운동하다　• **dieta** 명 다이어트

**Hay que hacer ejercicio para vivir sanamente.**
아이　　 께　　 아쎄르　　 에헤르씨시오　　 빠라　　 비비르　　 산나맨떼

　　　　　　　　　　　　　　　건강하게 살기 위해서는 운동을 해야 한다.

　단어 • **hay que** 동 ~해야 한다　• **vivir** 동 살다　• **sanamente** 명 건강하게

### Debemos ir rápidamente.
데베모스 이르　　　르라삐다멘떼

우리는 빨리 가야 한다.

- ir 동 가다　· rápidamente 부 빨리


### Tenéis que presentar las tareas.
떼네이스　께　　쁘레젠따르　라스　　따레아스

너희들은 과제를 제출해야 한다.

- presentar 동 제출하다　· tarea 명 과제


### Hay que usar el español en Latinoamérica.
아이　께　우사르　엘　에스빠뇰　엔　　　　라띠노아메리까

중남미에서는 스페인어를 사용해야 한다.

- usar 동 사용하다　· español 명 스페인어, 스페인 사람　· Latinoamérica 명 라틴아메리카, 중남미


### Deben aprobar el examen.
데벤　아쁘로바르　엘　　엑싸멘

그들은 그 시험에 합격해야 한다.

- aprobar 동 합격하다, 승인하다　· examen 명 시험


### Tiene que pagar en efectivo.
띠에네　께　빠가르　엔　에펙띠보

현금으로 지불하셔야 합니다.

- pagar 동 지불하다　· en efectivo 숙 현금으로


### Hay que no fumar en esta zona.
아이　께　노　푸마르　엔　에스따　쏘나

이 구역에서는 금연하셔야 합니다.

- fumar 동 흡연하다　· zona 명 구역, 지역

암기한 바를 쓰고 소리내어 읽어보아요.

**1** 너는 공부해야 한다.

_____

**2** 충분히 잠을 자야 한다.

_____

**3** 우리는 빨리 가야 한다.

_____

**4** 이 구역에서는 금연하셔야 합니다.

_____

**5** 현금으로 지불하셔야 합니다.

_____

**6** 그들은 그 시험에 합격해야 한다.

_____

**7** 중남미에서는 스페인어를 사용해야 한다.

_____

정답

1 Tienes que estudiar.　　　　　2 Hay que dormir bastante.

3 Debemos ir rápidamente.　　　4 Hay que no fumar en esta zona.

5 Tiene que pagar en efectivo.　　6 Deben aprobar el examen.

7 Hay que usar el español en Latinoamérica.

**1** 오늘 너 뭐 해야 하니?

 • hacer 하다  • hoy 오늘

---

**2** 나는 오늘 오후에 모임에 가야한다.

 • reunión 모임  • esta tarde 오늘 오후

---

**3** 진정한 사랑을 위해서는 좋은 사람이 되어야 한다.

 • amor 사랑  • auténtico 진정한

---

**4** Cecilia는 내일 아침까지 책을 반납해야 한다.

 • devolver 돌려주다  • mañana por la mañana 내일 아침

---

**5** 공공장소에서는 에티켓을 지켜야 한다.

 • lugares comunes 공공장소  • observar 지키다  • etiqueta 에티켓

---

**6** 한국인들은 좀 더 여유를 가져야 한다.

 • tranquilidad 여유, 침착함, 조용함

---

**7** 거짓말을 해서는 안 된다.

 • decir 말하다  • mentiras 거짓말

---

**정답**

1 ¿Qué tienes que/debes hacer hoy?   2 Tengo que/Debo ir a la reunión esta tarde.

3 Hay que ser buena persona para un amor auténtico.

4 Cecilia tiene que/debe devolver el libro hasta mañana por la mañana.

5 En los lugares comunes hay que observar etiqueta.

6 Los coreanos tienen que/deben tener más tranquilidad.   7 No hay que decir mentiras.

# 22 지금 어디 가세요?

ir 동사와 전치사

### 포인트 쾅!

• 반드시 알아야 하는 동사인 ir 동사는 '가다'라는 의미를 가지고 있어 많이 쓰이기에 완벽하게 숙지하도록 합시다. ir 동사는 대표적인 불규칙 동사로서 'voy-vas-va-vamos-vais-van'으로 변화를 합니다. 특히 1인칭 복수형 vamos의 경우, '우리가 ~한다'라는 뜻이므로 '~하자'라는 청유적 의미로도 사용될 수 있답니다. 또한, ir 동사는 장소 전치사로 대표적인 'a'와 자주 쓰이는데요, 스페인어의 전치사들을 종합하여 정리해보도록 하겠습니다.

### 패턴 쾅!

● **Adónde va ahora?**
아돈데 바 아오라

지금 어디 가세요?

> **단어** • **adónde** 의 어디에  • **ahora** 부 지금

● **¡Vamos a la piscina!**
바모스 알 라 삐스씨나

우리 수영장 가자!

> **단어** • **piscina** 명 수영장

● **Van a la escuela.**
반 알 라 에스꾸엘라

그들은 학교에 간다.

> **단어** • **escuela** 명 학교

### 문법 더하기!

스페인어 전치사

| | | | | |
|---|---|---|---|---|
| de | of, from ~의, ~로부터 | *a | to, at ~에, ~을/를 |
| | ¿**De** dónde eres? 어디 출신이야?<br>Soy **de** Corea. 한국 사람이야. | | Vamos **a** la iglesia. 우리 교회에 가자. |
| en | in, on ~안에, ~에서 | por | by, for ~으로, ~때문에 |
| | Él está **en** la casa. 그는 집에 있다. | | El tren no viene **por** la lluvia.<br>기차는 비 때문에 오지 않는다. |
| para | for ~하기 위해, ~에 관해 | con | with ~와 함께, ~를 가지고 |
| | No como mucho **para** la dieta.<br>다이어트를 위해서 많이 먹지 않는다. | | **Con**migo. 나와 함께. / **Con**tigo. 너와 함께.<br>Voy **con**mi perro. 내 개와 함께 간다. |
| sobre | about, over ~에 관해, ~위에 | hacia | toward ~쪽으로 |
| | Hablamos **sobre** español.<br>우리는 스페인어에 대해서 얘기한다. | | El metro va **hacia** el centro.<br>기차는 시내 쪽으로 간다. |

\* 스페인의 전치사 'a'는 목적어와 함께 '~에게'뿐만 아니라 '~을/를'이라는 의미를 갖기도 합니다.

## ¿Vas al trabajo?
바스 알 　트라바호

너 일하러 가니?

· trabajo 명 일, 직장

## El lunes voy a la universidad.
엘 　루네스 　보이 알 라 　　우니베르시닫

월요일에 대학교에 간다.

· lunes 명 월요일 　· universidad 명 대학교

## Marisa va a la biblioteca este martes.
마리사 바 알 라 　비블리오떼까 에스떼 　마르떼스

마리사는 이번 화요일에 도서관에 간다.

· biblioteca 명 도서관 　· martes 명 화요일

## ¿Vais a París el miércoles o el jueves?
바이스 아 　빠리스 엘 　미에르꼴레스 오 엘 　후에베스

너희 파리에 수요일에 가니 아니면 목요일에 가니?

· miércoles 명 수요일 　· jueves 명 목요일

## El viernes y el sábado van de camping.
엘 　비에르네스 이 엘 　사바도 　반 데 　　깜삥

그들은 금요일과 토요일에 캠핑을 간다.

· viernes 명 금요일 　· sábado 명 토요일 　· camping 명 캠핑

## Los domingos vamos a la iglesia.
로스 　도밍고스 　바모스 알 라 　이글레시아

우리는 일요일마다 교회에 간다.

· domingo 동 일요일 　· los domingos 명 일요일마다 　· iglesia 명 교회

· 149

암기한 바를 쓰고 소리내어 읽어보아요.

**1** 우리 수영장 가자!

_____

**2** 너 일하러 가니?

_____

**3** 월요일에 대학교에 간다.

_____

**4** **Marisa**는 이번 화요일에 도서관에 간다.

_____

**5** 너희 파리에 수요일에 가니 아니면 목요일에 가니?

_____

**6** 그들은 금요일과 토요일에 캠핑을 간다.

_____

**7** 우리는 일요일마다 교회에 간다.

_____

**1** 우리 오늘 오후에 다 함께 헬스장에 가자!

· gimnasio 헬스장 · juntos 다함께

**2** 나는 감기 때문에 월요일마다 병원에 간다.

· lunes 월요일 · hospital 병원 · gripe 감기

**3** 너희는 수요일마다 집에 일찍 가니?

· miércoles 수요일 · temprano 일찍

**4** Fione는 이번 화요일부터 목요일까지 세미나에 간다.

· seminario 세미나 · desde ~부터 · hasta ~까지

**5** 너 내일모레 해변에 가니?

· pasado mañana 내일 모레 · playa 해변

**6** Guillermo는 금요일마다 친구들과 파티에 간다.

· fiesta 파티

**7** Juana는 이번 주말에 일본으로 여행을 간다.

· ir de viaje 여행 가다 · fin de semana 주말 · japón 일본

---

**정답**

① ¡Vamos al gimnasio juntos esta tarde!  ② Voy al hospital los lunes por la gripe.

③ ¿Vais a casa temprano los miércoles?  ④ Fione va al seminario desde este martes hasta este jueves.

⑤ ¿Vas a la playa pasado mañana?  ⑥ Guillermo va a la fiesta los viernes.

⑦ Juana va de viaje este fin de semana a Japón.

## 선호 문답

**Lila**

### Dino, ¿Qué color prefieres?
디노, 께 꼴로르 쁘레피에레스?
디노, 너 어떤 색상을 선호하니?

**Dino**

### Prefiero el blanco. ¿Y tú?
쁘레피에로 엘 블랑꼬. 이 뚜?
나는 흰색을 선호해. 너는?

**Lila**

### Yo prefiero el amarillo.
요 쁘레피에로 엘 아마리요
나는 노란색을 선호해.

**Dino**

### El amarillo te va bien.
엘 아마리요 떼 바 비엔
노란색 너한테 잘 어울려.

- **다양한 선호 물어보기**

¿Qué película prefieres?　　　　　　　어떤 영화 선호하니?
께　　　뻴리꿀라　　　쁘레피에레스?

¿Qué deporte prefieres?　　　　　　　어떤 운동 선호하니?
께　　　데뽀르떼　　　쁘레피에레스?

¿Qué comida prefieres?　　　　　　　어떤 음식 선호하니?
께　　　꼬미다　　　쁘레피에레스?

¿Qué tipo de hombre prefieres?　　어떤 타입의 남자를 선호하니?
께　티뽀　데　　옴브레　　쁘레피에레스?

¿Qué tipo de mujer prefieres?　　어떤 타입의 여자를 선호하니?
께　티뽀　데　　무헤르　　쁘레피에레스?

## 뭐 할 예정이니?

ir a inf. 미래 표현

• ir동사의 쓰임은 완벽하게 정리되셨나요~? 이번에는 ir동사를 사용해서 미래 표현을 해보도록 하겠습니다! ir동사에 전치사 a와 동사원형을 위치시키면 영어의 'be going to'를 의미하게 되는데요, 즉 'ir + a + inf.'는 '~할 것이다.'라는 뜻을 가지고 있습니다. 사실, 미래 동사도 현재 동사처럼 동사군별 어미 변화를 따로 암기해주어야 하지만 이미 우리가 알고 있는 현재 동사를 통해 미래 표현을 할 수가 있다니 참 매력적이지 않나요?

### 패턴 꽉!

● **Voy a la escuela.**
보이 알 라　에스꾸엘라

나는 학교에 간다.

　• ir 동 가다　　• a 전 ~에, ~을/를　　• escuela 명 학교

● **Voy a ir a la escuela.**
보이 아 이르 알 라　에스꾸엘라

나는 학교에 갈 것이다.

　• ir a inf 숙 ~할 것이다　　• escuela 명 학교

● **¿Qué vas a hacer hoy?**
께 바스 아　아세르　오이

너 오늘 뭐 할 예정이니?

　• hacer 동 하다　　• hoy 명 오늘

### 어휘 더하기!

주요 장소명 정리

　스페인어는 어미에 '–ería'가 들어가면 '~가게'라는 뜻이 되어요. 또한 'Tienda de ○○' 하면 '○○가게'라는 의미로 사용 가능합니다. 아래의 예시들을 통해 직접 확인해 보아요.

| acuario | 아쿠아리움 | cafeteía | 커피숍 |
|---|---|---|---|
| banco | 은행 | heladería | 아이스크림 가게 |
| biblioteca | 도서관 | panadería | 베이커리 |
| (oficina de) correos | 우체국 | perfumería | 화장품 가게 |
| centro de comercial | 쇼핑센터 | carnicería | 정육점 |
| escuela | 학교 | tienda de accesorios | 액세서리 가게 |
| mercado | 시장 | tienda de bolsos | 가방 가게 |
| supermercado | 슈퍼마켓 | tienda de deportes | 스포츠용품 가게 |
| hipermercado | 대형마트 | tienda de ropas | 옷가게 |
| gimnasio | 헬스클럽 | tienda de zapatos | 신발 가게 |

# Hoy voy a ir a la peluquería.
오이　보이 아이르 알 라　　　뻴루께리아

나는 오늘 미용실에 갈 거야.

· hoy 명 오늘　· ir 동 가다　· peluquería 명 미용실


# ¿Vas a ir al cine conmigo esta noche?
바스 아 이르 알　씨네　　꼰미고　에스따　　노체

오늘 밤에 나랑 영화 보러 갈래?

· cine 명 영화관, 영화　· conmigo 부 나와 함께　· este 형 이 (지시형용사)　· noche 명 밤


# Vamos a descansar al parque juntos.
바모스 아　　　데스깐사르 알　　빠르께　　훈또스

우리 다 같이 공원에 쉬러 가자. (갈 거야)

· descansar 동 휴식하다, 쉬다　· parque 명 공원　· juntos 부 다 함께


# Elisa va a comprar unas frutas en la frutería.
엘리사　바 아　　　꼼쁘라르　우나스　프루따스　엔 라　　프루떼리아

엘리사는 과일 가게에서 과일 몇 개를 살 예정이다.

· comprar 동 사다, 구매하다　· fruta 명 과일　· frutería 명 과일 가게


# Van a buscar el libro en la librería.
반 아　　부스까르 엘　리브로　엔 라　　리브레리아

그들은 서점에서 그 책을 찾을 것이다.

· buscar 동 찾다　· libro 명 책　· librería 명 서점


# ¿Vais a cantar esta canción?
바이스 아　　　깐따르 에스따　　깐시온

너희 이 노래 부를 거니?

· cantar 동 노래하다　· canción 명 노래

암기한 바를 쓰고 소리내어 읽어보아요.

**1** 너 오늘 뭐 할 예정이니?

_____

**2** 나는 오늘 미용실에 갈 거야.

_____

**3** 오늘 밤에 나랑 영화 보러 갈래?

_____

**4** 엘리사는 과일 가게에서 과일 몇 개를 살 예정이다.

_____

**5** 우리 다 같이 공원에 쉬러 가자. (갈 거야)

_____

**6** 그들은 서점에서 그 책을 찾을 것이다.

_____

**7** 너희 이 노래 부를 거니?

_____

_____

제시된 어휘를 참고하여 실력을 쌓아요.

**1** 너 병원에 갈 거니 아니면 약국에 갈 거니?

- hospital 병원 · farmacia 약국

**2** 내일 그 높은 건물에 면접을 보러 갈 예정이야.

- alto 높은 · edificio 건물 · hacer una entrevista 면접보다 · para ~를 위해

**3** 너네는 공부할 거니 아니면 일할 거니?

- estudiar 공부하다 · trabajar 일하다

**4** 그 콘서트는 다음 달까지 할 예정이다.

- concierto 콘서트 · próximo 다음 · mes 달

**5** Juana의 부모님은 이번 주말에 여행을 다녀오실 예정이다.

- ir de viaje 여행 가다 · fin de semana 주말

**6** 너희 사무실에서 점심 먹을 거야 아니면 밖에서 먹을 거야?

- oficina 사무실 · almorzar 점심 먹다 · fuera 밖에, 밖에서

**7** 그 프로젝트에 대한 회의가 오늘 오후에 있을 것입니다.

- proyecto 프로젝트 · reunión 회의

---

**정답**

1 ¿Vas a ir al hospital o a la farmacia?    2 Mañana voy a ir al edificio alto para hacer una entrevista.

3 ¿Vais a estudiar o a trabajar?    4 El concierto va a ser hasta el próximo mes.

5 Los padres de Juana van a ir de viaje este fin de semana.

6 ¿Vais a almorzar en la oficina o fuera?    7 La reunión sobre el proyecto va a tener esta tarde.

# 수업이 막 끝났어요.
acabar de inf. 과거 표현

🖊 **포인트 콕!**

• ir a inf. 표현을 통해 현재 동사로 미래를 표현했다면 이번에는 과거를 표현해보기로 해요.
acabar de inf. 표현으로 '~(하기)를 막 끝내다'라는 해석이 가능하답니다. 방금 막 무언가를
끝냈다는 따끈따끈한 표현 바로 연습해 볼까요?

✋ **패턴 꽉!**

● **Acabo de desayunar.**
아까보　데　　　데사유나르

나는 막 아침 식사를 마쳤다.

단어 • **acabar de inf** 숙 막 ~를 끝내다(마치다)　• **desayunar** 동 ~아침 먹다

● **La clase acaba de terminar.**
라　끌라쎄　아까바　데　　떼르미나르

수업이 막 끝났어요.

단어 • **terminar** 동 마치다, 끝내다　• **clase** 명 수업, 교실

● **Acabamos de practicar el baile.**
아까바모스　데　　쁘락띠까르　엘　　바일레

우리는 춤 연습이 이제 막 끝났다.

단어 • **practicar** 동 연습하다　• **baile** 명 춤

스페인어 주요 동사

✋ **어휘 더하기!**

각 동사군별 대표 동사들을 익혔으니 풍부한 표현을 위해 또 다른 주요 동사들을 활용해 보도록
해요!

| apoyar | 지지하다 | llevar | 가지고 가다 |
|---|---|---|---|
| costar | 비용이 들다 | mirar | 보다 |
| dar | 주다 | olvidar | 잊다 |
| empezar | 시작하다 | parar | 정지하다, 멈추다 |
| entrar | 입장하다 | perder | 잃다 |
| enviar | 보내다 | poner | 놓다, 두다 |
| firmar | 서명하다 | traer | 가지고 오다 |
| jugar | 놀다, 스포츠하다 | volver | 돌아가다 |

## Acabamos de **llegar al estadio.**
아까바모스 데 예가르 알 에스따디오

우리는 방금 막 경기장에 도착했다.

· llegar 동 도착하다    · estadio 명 경기장

## El teatro acaba de empezar.
엘 떼아뜨로 아까바 데 엠뻬싸르

그 연극은 막 시작했다.

· empezar 동 시작하다    · teatro 명 연극, 극장

## Los esposos viejos acaban de entrar en el espectáculo.
로스 에스뽀소스 비에호스 아까반 데 엔뜨라르 엔 엘 에스뻭따꿀로

노부부는 방금 막 그 공연에 입장했다.

· esposos 명 부부    · entrar (+en) 동 입장하다    · espectáculo 명 공연, 쇼

## Acaba de parar de llorar.
아까바 데 빠라르 데 요라르

그/그녀는 울음을 막 멈추었다.

· parar 동 정지하다, 멈추다    · llorar 동 울다

## Acabáis de poner la llave en el cuarto.
아까바이스 데 뽀네르 라 야베 엔 엘 꽈르또

너희는 방금 막 열쇠를 방에 두었다.

· poner 동 놓다, 두다    · llave 명 열쇠    · cuarto 명 방, 4번째의

## Me acaba de regalar la flor.
메 아까바 데 르레갈라르 라 플로르

그는 막 나에게 꽃을 선물했다.

· regalar 동 선물하다    · flor 명 꽃

암기한 바를 쓰고 소리내어 읽어보아요.

**1** 나는 막 아침 식사를 마쳤다.

_____

**2** 그 연극은 막 시작했다.

_____

**3** 노부부는 방금 막 그 공연에 입장했다.

_____

**4** 그는 막 나에게 꽃을 선물했다.

_____

**5** 그/그녀는 눈물을 막 멈추었다.

_____

**6** 우리는 방금 막 경기장에 도착했다.

_____

**7** 너희는 방금 막 열쇠를 방에 두었다.

_____

제시된 어휘를 참고하여 실력을 쌓아요.

**1** 우리는 막 저녁 식사를 마쳤다.

• cenar 저녁 먹다

---

**2** 신혼부부가 공항에서 막 나왔다.

• los recién casados 신혼부부 • salir 나가다 • aeropuerto 공항

---

**3** 제가 방금 핸드폰을 잃어버렸어요.

• perder 잃다 • móvil 핸드폰

---

**4** Teresa가 방금 막 너에게 문자를 보냈다.

• enviar 보내다 • mensaje 메시지, 문자

---

**5** Sanchéz씨가 막 여기에 서명을 하셨습니다.

• firmar 서명하다 • aquí 여기에

---

**6** 그들이 방금 막 짐을 가지고 왔어요.

• traer 가지고 오다 • equipaje 짐

---

**7** 손녀들이 방금 막 장난감을 가지고 놀았다.

nieto/a 손자/손녀 • juguete 장난감 • jugar 놀다

---

**정답**

1 Acabamos de cenar.
2 Los recién casados acaban de salir del aeropuerto.
3 Acabo de perder el móvil.
4 Teresa acaba de enviarte un mensaje.
5 Señor Sánchez acaba de firmar aquí.
6 Ellos acaban de traer el equipaje.
7 Las nietas acaban de jugar con los juguetes.

쇼핑

Una Dependiente (점원)

### Buenos días. ¿Qué quiere?
부에노스 디아스. 께 끼에레?
안녕하세요. 무엇을 원하시나요?

### Busco una blusa. ¿Tiene esta de otro color?
부스꼬 우나 블루사. 띠에네 에스따 데 오뜨로 꼴로르?
블라우스를 찾고 있어요. 이거 다른 색상으로 있나요?  Lila

Una Dependiente (점원)

### Sí. La tenemos. ¿Qué talla tiene?
씨. 라 떼네모스. 께 따야 띠에네?
네 있습니다. 사이즈가 어떻게 되세요?

### M, por favor.
에메, 뽀르 파보르
미디엄 사이즈로 주세요.  Lila

## • 상점 주요 회화

¿Qué quiere / desea?
깨　끼에레 /　데세아?

무엇을 원하시나요?

¿Quiere ayudarle?
끼에레　아유다를레?

도와드릴까요?

¿Tiene / Hay OO?
띠에네 /　아이　OO?

OO 있나요?

Quiero OO.
끼에로　OO

OO를 원해요

Busco OO.
부스꼬　OO

OO를 찾고 있어요.

¿Qué talla tiene?
깨　따야　띠에네?

사이즈가 어떻게 되세요?

# 지금 몇 시인가요?

시간 표현

• 여러분 숫자 잘 기억하고 계신가요~? 이번에는 스페인어로 시간을 나타내는 방법을 배워보도록 하겠습니다. '시간'은 스페인어로 'hora'이고 여성 명사입니다. 따라서 숫자 앞에 여성 정관사 'la/las'를 붙여주면 시간이 돼요! 정말 간단하죠? 특히 단수인 1시일 때만 'la una'라고 표현하고 나머지 숫자들은 여성 복수 정관사 'las'를 쓴다는 것을 기억해주시면 되세요.

 **패턴 콱!**

● **¿Qué hora es ahora?**
께   오라 에스   아오라

지금 몇 시인가요?

> • **qué** 의 무엇, 어떤   • **hora** 명 시간   • **ahora** 부 지금

● **Es la una y media.**
에스 라  우나 이   메디아

1시 반입니다.

> • **uno** 형명 1개의, 1   • **medio** 형명 절반의, 절반

● **¿A qué hora sale de casa?**
아   께   오라  살레 데   까사

집에서 몇 시에 나오세요?

> • **a qué hora** 동 몇 시에   • **salir** 동 나가다, 나오다

다양한 시간 표현

**어휘 더하기!**

'분'을 표현할 때는 시간 뒤에 'y'를 넣어주고 숫자를 써주면 된답니다.

| | | | |
|---|---|---|---|
| 10분 전 | **menos diez**<br>메노스 디에스 | 40분 | **y cuarenta / menos veinte**<br>이   꽈렌따   메노스 베인떼 |
| 정각 | **en punto\***<br>엔 뿐또 | 50분 | **y cincuenta / menos diez**<br>이   씽꾸엔따   메노스 디에스 |
| 15분 | **y quince / y cuarto\*\***<br>이   낀쎄 이   꽈르또 | | \* 포인트, 점 **punto**뿐또 |
| 30분 | **y treinta / y media**<br>이   뜨레인따 이   메디아 | | \*\* 1/4, 4번째의, 방 **cuarto** 꽈르또 |

# Voy a salir de casa a la una menos diez.
보이 아 살리르 데 까사 알 라 우나 메노스 디에스

나는 1시 10분 전에 집에서 나갈 예정이다.

· salir 동 나가다 · a la una 부 한 시에 · menos diez 부 10분 전

# ¿A qué hora termina la clase?
아 께 오라 떼르미나 라 끌라쎄

수업 몇 시에 끝나니?

· a qué hora 부 몇 시에 · terminar 동 끝내다, 마치다 · clase 동 수업, 교실

# Gino va a la iglesia a las once de la mañana.
히노 바 알 라 이글레시아 알 라스 온쎄 델 라 마냐나

히노는 오전 11시에 교회에 간다.

· ir 동 가다 · iglesia 명 교회 · a las once 부 11시에 · de la mañana 부 오전(의)

# Son las cinco de la tarde.
손 라스 씽꼬 델 라 따르데

오후 5시입니다.

· las cinco 명 5시 · de la tarde 부 오후(의)

# La telenovela empieza a las nueve de la noche.
엘 뗄레노벨라 엠뻬에싸 알 라스 누에베 델 라 노체

그 드라마는 밤 9시에 시작한다.

· telenovela 명 드라마 · empezar 동 시작하다 · a las nueve 부 9시에 · de la noche 부 밤(의)

# ¿Desde y hasta qué hora tocas el piano?
데스데 이 아스따 께 오라 또까스 엘 삐아노

몇 시부터 몇 시까지 피아노를 치니?

· desde 부 ~부터 · hasta 부 ~까지 · qué hora 부 몇 시 · tocar piano 숙 피아노를 치다

암기한 바를 쓰고 소리내어 읽어보아요.

**1** 지금 몇 시인가요?

_____

**2** 집에서 몇 시에 나오세요?

_____

**3** 나는 1시 10분 전에 집에서 나갈 예정이다.

_____

**4** 히노는 오전 11시에 교회에 간다.

_____

**5** 오후 5시입니다.

_____

**6** 그 드라마는 밤 9시에 시작한다.

_____

**7** 몇 시부터 몇 시까지 피아노를 치니?

_____

제시된 어휘를 참고하여 실력을 쌓아요.

**1** 지금 오후 4시 15분입니다.

• y cuarto 15분

---

**2** 너희는 보통 몇 시에 아침을 먹니?

• desayunar 아침 먹다 • normalmente 보통

---

**3** 나는 오후 6시까지 과제를 제출해야만 한다.

• presentar 제출하다 • tarea 과제

---

**4** 점심시간은 12시 30분부터 1시 30분까지이다.

• la hora de almuerzo 점심시간

---

**5** 너는 몇 시부터 몇 시까지 수영을 배우니?

• aprender a ~(하기)를 배우다 • nadar 수영하다

---

**6** 우리는 오전 10시부터 오후 1시까지 농구를 한다.

• jugar a baloncesto 농구하다

---

**7** 회의는 내일 오전 11시에 있을 예정입니다.

• mañana 오전, 내일

---

정답

1 Son las cuatro y cuarto de la tarde ahora.     2 ¿A qué hora desayunáis normalmente?

3 Tengo que/Debo presentar la tarea hasta las seis de la tarde.

4 La hora de almuerzo es desde las doce y media y hasta la una y media.

5 ¿Desde y hasta qué hora aprendes a nadar?

6 Jugamos al baloncesto desde las diez de la mañana hasta la una de la tarde.

7 La reunión va a tener mañana a las once de la mañana.

# 26 몇 월 며칠인가요?

날짜와 월

☞ 포인트 콕!

- 숫자와 관련해서 시간 표현하는 방법을 배웠다면 이번에는 날짜를 표현해보도록 해요. 날짜는 스페인어로 'fecha [페차]'이고 남성 관사와 함께 그냥 숫자를 적으면 그만입니다. 그러나 월까지 표현하려면 스페인어로 1월부터 12월까지 잘 알고 있어야겠죠?

### 패턴 콕!

● **¿Cuál es la fecha de hoy?**
꽐 에스 라 　페차 데 　오이

오늘 며칠인가요?

> 단어 · **cuál** 의 어느 것 　· **hoy** 명 오늘

● **¿Qué fecha tenemos hoy?**
께 　페차 　떼네모스 　오이

오늘 며칠인지요?

> 단어 · **qué** 의 무엇 　· **tener** 동 가지다

● **¿A qué estamos hoy?**
아 　께 　에스따모스 　오이

오늘 며칠이에요?

> 단어 · **qué** 의 무엇, 어떤 　· **estar** 동 ～이다, 있다

### 어휘 더하기!

스페인어 월 배우기

영어와 매우 유사한 스페인어의 월! 완벽하게 암기해주세요.

| enero | 1월 | julio | 7월 |
|---|---|---|---|
| febrero | 2월 | agosto | 8월 |
| marzo | 3월 | septiembre | 9월 |
| abril | 4월 | octubre | 10월 |
| mayo | 5월 | noviembre | 11월 |
| junio | 6월 | diciembre | 12월 |

# Hoy es el primero de enero.
오이 에스 엘　　쁘리메로 데　　에네로

오늘은 1월 1일입니다.

**단어** · primero 형명 1번째의, 1번째, 1일

# El veinticinco de diciembre es la Navidad.
엘　　베인띠씽꼬 데　　디씨엠브레 에스　　나비닫

12월 25일은 성탄절이다.

**단어** · navidad 명 크리스마스

# ¿A qué fecha va a partir a España?
아　 께　 페차　 바 아　 빠르띠르 아　 에스빠냐

며칠에 스페인으로 떠나세요?

**단어** · partir 동 출발하다, 떠나다

# El diez de cada mes es el día de paga.
엘 디에쓰 데　 까다　 메스 에스 엘 디아 데　 빠가

매달 10일이 급여 날입니다.

**단어** · cada 부 매, 매번　 · día de paga 명 급여일

# Desde el primero de marzo hasta el 15 son días feriales.
데스데 엘　　쁘리메로 데　　마르쏘　 아스따 엘 낀쎄　 손　 디아스　 페리알레스

3월 1일부터 15일까지 휴무입니다.

**단어** · desde 전 ~부터　 · hasta 전 ~까지

# El treinta y uno de diciembre del año 2030 es martes.
엘　　뜨레인따 이　 우노 데　　디씨엠브레　 델　 아뇨 도스밀뜨레인따 에스　　마르떼스

2030년의 12월 31일은 화요일이다.

**단어** · martes 명 화요일

암기한 바를 쓰고 소리내어 읽어보아요.

**1** 오늘 며칠인가요?

_____

**2** 오늘은 1월 1일입니다.

_____

**3** 며칠에 스페인으로 떠나세요?

_____

**4** 12월 25일은 성탄절이다.

_____

**5** 매달 10일이 급여 날입니다.

_____

**6** 2030년의 12월 31일은 화요일이다.

_____

**7** 3월 1일부터 15일까지 휴무입니다.

_____

정답

1 ¿Cuál es la fecha de hoy? / ¿Qué fecha tenemos hoy? / ¿A qué estamos hoy? 2 Hoy es el primero de enero.

3 ¿A qué fecha va a partir a España? 4 El veinticinco de diciembre es la Navidad.

5 El diez de cada mes es el día de paga. 6 El treinta y uno de diciembre del año 2030 es martes.

7 Desde el primero de marzo y hasta el 15(quince) son días feriales.

제시된 어휘를 참고하여 실력을 쌓아요.

**1** 매달 15일은 휴무일입니다.

· día ferial 휴무일

---

**2** 내 생일은 5월 6일이다.

· cumpleaños 생일

---

**3** 6월부터 7월까지는 방학입니다.

· vacación 방학

---

**4** 3월 1일은 공휴일입니다.

· día festivo 공휴일

---

**5** 4월 13일부터 24일까지 출장을 갑니다.

· viajar por negocios 출장하다

---

**6** 12월 18일이 결혼기념일입니다.

· aniversario de la boda 결혼기념일

---

**7** 10월 27일에는 선약이 있습니다.

· tener 가지다 · cita previa 선약

---

정답

1 Los quince de cada mes son días feriales.   2 Mi cumpleaños es el seis de mayo.

3 Son vacaciones desde junio hasta julio.   4 El primero de marzo es día festivo.

5 Viajo por negocios desde el trece hasta el veinticuatro de abril.

6 El dieciocho de diciembre es el aniversario de boda.   7 El veintisiete de octubre tengo una cita previa.

계획 문답

**Dino**

¿Qué vas a hacer este fin de semana?
께 바스 아   아쎄르 에스떼 핀 데    세마나
이번 주말에 뭐할 거야?

Todavía no lo sé. ¿Tienes algún plan?
또다비아  놀 로 쎄.   띠에네스   알군    쁠란?
아직 모르겠어. 너는 계획 있니?

**Lila**

**Dino**

Sí. Voy a ir a la playa con mis amigos.
씨. 보이 아 이르 알 라   쁠라야   꼰  미스   아미고스
응. 친구들이랑 해변에 갈 예정이야.

¡Qué bien! ¿Puedo ir con vosotros?
께  비엔!    뿌에도 이르   꼰    보소뜨로스?
좋다! 나도 너네랑 같이 가도 될까?

**Lila**

- **계획 물어보기**

## ¿Qué vas a hacer este fin de semana?
께 바스 아 아쎄르 에스떼 핀 데 세마나?

이번 주말에 뭐할 거니?

## ¿Qué vais a hacer estas vacaciones?
께 바이스 아 아쎄르 에스따스 바까시오네스?

너희 이번 휴가(방학)에 뭐 할 예정이니?

## ¿Tienes plan esta tarde?
띠에네스 쁠란 에스따 따르데?

오늘 오후에 계획 있니?

## ¿Tienes cita esta noche?
띠에네스 씨따 에스따 노체?

오늘 밤에 약속 있니?

## ¿Hay algún evento este mes?
아이 알군 에벤또 에스떼 메스?

이번 달에 이벤트가 있나요?

## ¿Hay alguna fiesta este verano?
아이 알구나 피에스따 에스떼 베라노?

이번 여름에 축제가 있나요?

# 27 날씨가 너무 좋아요.

날씨와 계절

**포인트 콕!**

• 첫 만남에 할 얘기가 없을 때도, 어색한 상황에서도 꺼내기 가장 편안한 주제는 바로 '날씨'이죠~ 스페인어권 원어민과 날씨 얘기를 주고받아 봅시다! 날씨 표현은 주로 hacer 동사의 3인칭 단수형 hace로 표현한답니다.

**패턴 꽉!**

● **¿Qué tiempo hace hoy?**
  께 띠엠뽀 아쎄 오이

  오늘 날씨가 어때요?

  **단어** • tiempo 명 날씨, 시간

● **Hace buen tiempo.**
  아쎄 부엔 띠엠뽀

  날씨가 좋아요.

  **단어** • bueno 형 좋은

● **Hace mal tiempo.**
  아쎄 말 띠엠뽀

  날씨가 안 좋아요.

  **단어** • malo 형 나쁜

**어휘 더하기!**

스페인어 날씨 표현

스페인어로 날씨를 표현하는 방법은 hacer 동사의 3인칭 단수형 hace 다음에 날씨 관련 어휘들을 넣어주면 간단하게 사용하실 수 있습니다. 이 외에도 동사 자체가 날씨를 나타내는 경우도 있으니 아래의 표를 주의 깊게 살펴봐 주세요.

| calor | 더위 | hace calor | 덥다 |
|---|---|---|---|
| frío | 추위 | hace frío | 춥다 |
| fresco | 선선함 | hace fresco | 선선하다 |
| sol | 태양 | hace sol | 맑다 |
| viento | 바람 | hace viento | 바람 분다 |
| soplar | 바람이 불다 | sopla | 바람 분다 |
| llover | 비가 오다 | llueve | 비가 온다 |
| nevar | 눈이 오다 | nieva | 눈이 온다 |

## Hoy hace poco sol.
오이　아쎄　뽀꼬　쏠

오늘 날씨가 조금 맑다.

· poco 부 적은, 적게

## ¿Hace mucho viento fuera?
아쎄　무초　비엔또　푸에라

밖에 바람 많이 부니?

· fuera 부 밖에

## Hace bastante fresco en primavera.
아쎄　바스딴떼　프레스꼬　엔　쁘리마베라

봄에는 날씨가 꽤 선선하다.

· bastante 부 꽤, 충분히　· primavera 명 봄

## En verano llueve mucho.
엔　베라노　유에베　무초

여름에는 비가 많이 온다.

· verano 명 여름　· llover 동 비가 오다

## Sopla bastante en otoño.
소쁠라　바스딴떼　엔　오또뇨

가을에는 바람이 꽤 분다.

· soplar 동 바람 불다　· otoño 명 가을

## En invierno hace mucho frío.
엔　인비에르노　아쎄　무초　프리오

겨울에는 정말 춥다.

· invierno 명 겨울　· frío 명 추위

**1** 오늘 날씨가 어때요?

_____

**2** 날씨가 좋아요.

_____

**3** 오늘 날씨가 조금 맑다.

_____

**4** 날씨가 안 좋아요.

_____

**5** 봄에는 날씨가 꽤 선선하다.

_____

**6** 가을에는 바람이 꽤 분다.

_____

**7** 여름에는 비가 많이 온다.

_____

---

**정답**

① ¿Qué tiempo hace hoy?      ② Hace buen tiempo.

③ Hoy hace poco sol.      ④ Hace mal tiempo.

⑤ Hace bastante fresco en primavera.      ⑥ Sopla bastante en otoño.

⑦ En verano llueve mucho.

제시된 어휘를 참고하여 실력을 쌓아요.

**1** 밖에 많이 춥니?

- fuera 밖, 밖에

**2** 오늘 날씨가 정말 더워.

- calor 더위

**3** 여름에는 날씨가 아주 맑다.

- sol 태양

**4** 봄에는 바람이 조금 분다.

- un poco de 약간 · soplar 바람 분다 · viento 바람

**5** 겨울에는 눈이 많이 온다.

- nevar 눈이 오다

**6** 가을에는 선선하다.

- fresco 선선함

**7** 오늘 오후에 비가 꽤 많이 온다.

- llover 비 오다

---

**정답**

1 ¿Hace mucho frío fuera?

2 Hoy hace mucho calor.

3 En verano hace mucho sol.

4 En primavera hace un poco de viento.

5 En invierno nieva mucho.

6 En otoño hace fresco.

7 Esta tarde llueve bastante.

# 28

# 너 일찍 일어나니?
재귀동사

### 포인트 콕!

• 아침에 일어나서 밤에 잠들 때까지 하루 중 대부분의 일과는 재귀동사를 사용한답니다. 행위의 주체와 결과가 같아서 '자기 자신이 무엇인가를 하다'라는 의미로 사용되는 재귀동사는 재귀대명사 se를 보통 동사 앞에 붙여줘서 사용할 수 있어요. 또한, 재귀대명사 se는 인칭별로 'me - te - se - nos - os - se'로 변화하기 때문에 암기를 꼭 해주셔야 해요. 교재를 통해서 주요 재귀동사들을 접해보도록 하겠습니다.

### 패턴 꽉!

#### ¿Cómo te llamas?
꼬모 떼 야마스

너 이름이 뭐야?

• llamarse 동 이름이 ~이다

#### ¿Te levantas temprano?
떼 레반따스 뗌쁘라노

너 일찍 일어나니?

• levantarse 동 일어나다 • temprano 부 일찍

#### Me duermo a las doce de la noche.
메 두에르모 알 라스 도세 델 라 노체

나는 밤 12시에 자.

• dormirse 동 잠들다 • noche 명 밤

### 어휘 더하기!

주요 하루일과 동사

아침에 눈뜰 때부터 눈 감을 때까지 사용하는 주요 재귀동사들을 알아보면서, 일반동사와 재귀동사의 의미 차이를 좀 더 들여다보아요. 재귀동사는 일반적으로 목적어를 가지는 타동사를 이용하는데 자동사와 함께 할 때는 '~해 버리다'라고 의미가 좀 더 강조되는 차이가 있습니다.

| 일반 동사 (타동사) | | 재귀 동사 (자동사) | |
|---|---|---|---|
| despertar | 잠에서 깨우다 | despertarse | 잠에서 깨다 |
| levantar | 일으키다 | levantarse | 일어나다 |
| duchar | 샤워시키다 | ducharse | 샤워하다 |
| lavar | 씻기다 | lavarse | 씻다 |
| peinar | 머리를 빗기다 | peinarse | 머리를 빗다 |
| poner | 옷을 입히다 | ponerse | 옷을 입다 |
| acostar | 눕히다 | acostarse | 눕다 |
| dormir | 자다 | dormirse (자동사) | 잠들어 버리다 |

## ¿A qué hora te despiertas?
아  께  오라  떼  데스삐에르따스

너 몇 시에 잠에서 깨니?

• despertarse 동 잠에서 깨다 ( - e - : - ie -형 불규칙 동사)

## Me pongo el pijama.
메  뽕고  엘  삐하마

나는 잠옷을 입는다.

• ponerse 동 옷을 입다  • pijama 명 잠옷, 파자마

## ¿Cuántas veces se baña el bebé a la semana?
꽌따스  베세스  세  바냐  엘  베베 알 라  세마나

아기는 일주일에 몇 번 목욕해요?

• vez 명 번  • bañarse 동 목욕하다

## Nos maquillamos todos los días.
노스  마끼야모스  또도스  로스  디아스

우리는 매일 화장한다.

• maquillarse 동 화장하다

## Os afeitáis todas las mañanas.
오스  아페이파이스  또다스  라스  마냐나스

너희는 아침마다 면도를 한다.

• afeitarse 동 면도하다

## Se acuestan a medianoche.
세  아꾸에스딴 아  메디아노체

그들은 자정에 잠자리에 든다.

• acostarse 동 잠자리에 들다, 눕다 ( - o - : - ue -형 불규칙 동사)  • medianoche 명 자정

암기한 바를 쓰고 소리내어 읽어보아요.

**1** 너 일찍 일어나니?

_____

**2** 너희는 아침마다 면도를 한다.

_____

**3** 우리는 매일 화장한다.

_____

**4** 아기는 일주일에 몇 번 목욕해요?

_____

**5** 나는 잠옷을 입는다.

_____

**6** 너 몇 시에 잠에서 깨니?

_____

**7** 그들은 자정에 잠자리에 든다.

_____

---

### 정답

1 ¿Te levantas temprano?    2 Os afeitáis todas las mañanas.

3 Nos maquillamos todos los días.    4 ¿Cuántas veces se baña el bebé a la semana?

5 Me pongo el pijama.    6 ¿A qué hora te despiertas?

7 Se acuestan a medianoche.

제시된 어휘를 참고하여 실력을 쌓아요.

**1** 나는 손을 씻는다.

• mano 손

---

**2** 너는 일찍 잠들어 버린다.

• dormir 자다 • dormirse 잠들어 버리다 • temprano 일찍

---

**3** Juan은 양치를 한다.

• cepillarse los dientes 양치하다

---

**4** 우리는 매일 매일을 즐긴다.

• divertirse 즐기다

---

**5** 너희는 하루에 몇 번 머리를 빗니?

• peinarse 머리 빗다 • al día 하루에

---

**6** 아이들이 샤워하기 위해 옷을 벗는다.

• quitarse la ropa 옷을 벗다 • ducharse 샤워하다

---

**7** Serena와 Antonio는 결혼한다.

• casarse 결혼하다

---

**정답**

1 Me lavo las manos.  2 Te duermes temprano.
3 Juan se cepilla los dientes.  4 Nos divertimos todos los días.
5 ¿Cuántas veces os peináis al día?  6 Los niños se quitan la ropa para ducharse.
7 Serena y Antonio se casan.

생일

Dino

**¿Cuándo es tu cumpleaños?**
판도 에스 뚜 꿈쁠레아뇨스?
너 생일이 언제니?

**Mi cumpleaños es el 6 de mayo. Falta poco.**
미 꿈쁠레아뇨스 에스 엘 세이스 데 마요. 팔따 뽀꼬
내 생일은 5월 6일이야. 얼마 안남았어.

Lila

Dino

**¡Felicidades, de antemano!**
펠리씨다데스, 데 안떼마노
미리 축하해!

**¡Muchas gracias!**
무차스 그라시아스!
정말 고마워!

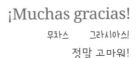

Lila

- ## 생일 관련 회화

¿Cuándo es tu cumpleaños?
꽌도 에스 뚜 꿈쁠레아뇨스?

너 생일이 언제니?

Mi cumpleaños es XX de OO.
미 꿈쁠레아뇨스 에스 XX 데 OO

내 생일은 OO월 XX일이야.

¡Feliz cumpleaños!
펠리스 꿈쁠레아뇨스!

생일 축하해!

¡Muchas felicidades!
무차스 펠리씨다데스!

정말 축하해!

¡Disfruta al máximo tu día!
디스푸르따 알 막씨모 뚜 디아!

너의 날을 최대한 즐기길 바라!

Te deseo un año lleno de momentos hermosos.
떼 데세오 운 아뇨 예노 데 모멘또스 에르모소스

아름다운 순간들로 가득 찬 한 해가 되기를 바라.

Que Dios te bendiga en este día especial.
께 디오스 떼 벤디가 엔 에스떼 디아 에스뻬시알

이 특별한 날에 하나님의 축복이 있기를 바라.

## 투우 (La Corrida de Toros)

'스페인'하면 자연스럽게 떠오르는 색상이 바로 '빨간색'인데요, 그중에 한몫하는 것이 바로 '투우(La Corrida de Toros)' 아닐까요? 길들여지지 않은 야생 소들을 24시간 동안 깜깜한 곳에 가둬두면 소에게 가장 인식이 잘 되는 색상이 '붉은색'이어서 투우 경기에 빨간 천을 사용한답니다.

투우 경기에는 3명의 마따도르(Matador)가 등장해 총 6마리의 소를 2마리씩 맡아 싸우게 되는데요, 경기 초기에는 짧은 창으로 소의 등에 단창을 찔러 힘이 계속 빠지게 만들고 마지막에는 소의 급소와 심장을 관통하는 긴 창으로 숨을 거두게 만듭니다.

소가 기력이 쇠하여 투우사와 마주 보게 되는 그 순간을 '진실의 시간(El Momento de la Verdad)'이라고 하는데 약 15초가량 되는 이 시간이 투우 경기 중 가장 긴장시키고 집중하게 만드는 하이라이트가 되겠습니다.

소와의 싸움에서 승리한 투우사는 소의 귀를 명예로 소장하게 되고 아슬아슬한 경기를 해낼수록 관객들에게 인기가 많아지기에 몸값이 올라가는 만큼 생명의 위협도 더욱 커지게 됩니다. 따라서, 스페인에서는 투우사들의 몸값이 축구선수 못지않다고 하는데요, 경기를 치르는 사람도 위험하지만 사실 소에게 있어서도 동물 학대와 다름없다는 주장으로 현재는 스페인 내 투우 경기가 많이 줄어들었어요.

그러나 투우를 멈출 수 없는 이유는 스페인만의 고유한 문화이기 때문에 영원히 사라지게 할 수는 없다는 신념 때문이라고 합니다. 투우는 사실 과거 농경의 신에게 소를 제물로 바쳐 제사를 지내던 것이 스페인 내 왕권 제도가 설립되면서 귀족들의 스포츠로서 자리 잡게 되었답니다. 어떤 의도로 시작하였을지라도 투우에 대한 논란은 끊임없을 것 같네요. 혹시나 투우를 보시게 된다면 마음의 준비를 단단히 하셔야겠습니다!

## 마리아치 (Mariachi)

반면, 시작은 그리 좋지 않았으나 결과가 좋은 열매를 맺은 스페인어권 문화도 있습니다. 바로 멕시코의 '마리아치 (Mariachi)'인데요, 그 시작점은 바로 멕시코의 독립 전쟁이에요. 전쟁 당시 국민의 사기를 증진하기 위해서 신나는 음악과 힘을 주는 가사로 '마리아치'라는 노래 장르를 탄생시켰답니다.

수염을 기른 멕시코 남성분들이 챙이 넓은 모자를 쓰고 전통 의상을 입은 채 다양한 악기를 들고 노래를 부르는 모습, 어디선가 본 것 같은 느낌이시죠?
바로 이 모습이 전형적인 '마리아치 밴드'의 모습이랍니다. 그리고 가장 대표적인 곡이 바로 '라 꾸까라차(La Cucaracha)'로서 스페인어로 '바퀴벌레'를 의미해요. 즉, 바퀴벌레의 강인한 생명력을 닮아 우리도 포기하지 말자라는 메시지로 국민을 한마음 한뜻으로 모은 아주 의미 있는 곡이라고 해요. 그 외에 '라 밤바(La Bamba)'라는 곡 또한 우리에게 꽤나 익숙한 마리아치 곡이랍니다.

일례로 미국의 대표 서바이벌 프로그램인 'America Got Talent'라는 프로그램에서도 멕시코의 마리아치 장르가 지속적으로 등장하고 있고 마리아치 장르로 준우승까지 올라갔었던 사례도 있답니다. 이러한 모습을 보면 단연 멕시코와 미국만 애정을 담고 있다기보다는 전 세계적으로 사랑받고 있는 장르라고도 생각해 볼 수 있지 않을까요?

오랜 역사로부터 시작된 스페인어권의 문화들, 배경지식을 통해 깊이 이해하게 되고 존중하게 될 때 그들도 우리를 깊게 이해하고 존중해 줄 거라 믿어 의심치 않습니다.

# 04장

## 네 마디로 기막히게 말해요!

# 29

# 이 동네에서 어디가 맛집인가요?

무인칭 se

🖋 포인트 콕!

- 앞서 배웠던 재귀대명사 se의 인칭 변화 잘 기억하고 계신가요? 사실 스페인어의 se는 재귀의 역할만 하는 것이 아니랍니다. 특정 주어 없이 '사람들'이 주어가 되어 의미를 전달하는 무인칭의 se는 사람들 la gente가 주어이므로 3인칭 단수 형태인 'se'만 사용합니다. 정말 간단하게 사용할 수 있는 무인칭의 se 지금 바로 만나보아요.

☞ 패턴 콕!

● **Aquí dónde se come bien?**

아끼　돈데　세　꼬메　비엔

여기는 어디가 맛집인가요?

> 🔄 • se 대 사람들이 ～하다

● **Se habla español en Cuba.**

세　아블라　에스빠뇰　엔　꾸바

쿠바에서는 (사람들이) 스페인어를 말한다.

> 🔄 • dónde 의 어디 • se 대 사람들이 ～하다 • comer 동 먹다 • aquí 부 여기, 이곳

● **Se dice que sí.**

세　디쎄　께　시

사람들이 그렇다고 하던데.

> 🔄 • se 대 사람들이 ～하다 • hablar 동 말하다 • español 명 스페인어

tomar 동사의 쓰임

✋ 어휘 더하기!

스페인어 주요 동사로서 꼭 알아야 하는 tomar 동사의 쓰임을 알아보기로 해요! tomar 동사는 영어의 to take 동사의 역할을 담당하기 때문에 그 쓰임이 굉장히 다양하답니다. 규칙동사인 tomar 동사를 가지고 여러 가지 상황에서 응용해보세요.

| | | |
|---|---|---|
| (손으로) 잡다, 쥐다, 붙잡다 : | Tomar la mano. | 손을 잡다. |
| 받다, 얻다, 획득하다 : | Toma esto, por favor. | 이거 받아요. |
| 먹다, 마시다 : | Ella toma el café. | 그녀가 커피를 마신다. |
| (탈 것을) 타다 : | Tomamos bicicleta. | 우리는 자전거를 탄다. |
| (사진 등) 찍다, 촬영하다 : | Tomar una foto. | 사진을 찍다. |

## Se toma buen café en esta cafetería.
세 또마 부엔 까페 엔 에스따 까페떼리아

여기 커피 맛집이에요.

단어 • tomar 동 먹다, 마시다 • cafetería 명 카페, 커피숍

## ¿Adónde se toma el autobús?
아돈데 세 또마 엘 아우또부스

어디서 버스를 타나요?

단어 • tomar 동 (탈 것을) 타다 • autobús 명 버스

## Se saca muchas fotos aquí.
세 사까 무차스 포또스 아끼

여기서 사진을 많이 찍어요.

단어 • sacar fotos 동 사진을 찍다

## ¿Cómo se dice 'apple' en español?
꼬모 세 디세 '애플' 엔 에스빠뇰

스페인어로 '애플'을 뭐라고 하나요?

단어 • decir 동 말하다 • español 명 스페인어

## Se dice que María se casa con Julio.
세 디쎄 께 마리아 세 까사 꼰 훌리오

마리아가 훌리오랑 결혼한다던데.

단어 • decir 동 말하다 • casarse 동 결혼하다

## ¿Para qué se usa esto normalmente?
빠라 께 세 우사 에스또 노르말멘떼

보통 이것을 어떤 용도로 쓰나요?

단어 • para 전 ~를 위해서 • usar 동 사용하다 • esto 대 이것 • normalmente 부 보통, 일반적으로

암기한 바를 쓰고 소리내어 읽어보아요.

**1** 여기는 어디가 맛집 인가요?

_____

**2** 사람들이 그렇다고 하던데.

_____

**3** 어디서 버스를 타나요?

_____

**4** 여기서 사진을 많이 찍어요.

_____

**5** 보통 이것을 어떤 용도로 쓰나요?

_____

**6** 마리아가 훌리오랑 결혼한다던데.

_____

**7** 스페인어로 '애플'을 뭐라고 하나요?

_____

**1** 한국에서는 김치를 먹습니다.

· comer 먹다 · kimchi 김치 · corea del sur 한국

---

**2** 한국어로 'Hola'를 뭐라고 하나요?

· decir 말하다 · coreano 한국어

---

**3** 한국어로 '사랑해'를 어떻게 쓰나요?

· escribir 쓰다 · coreano 한국어

---

**4** 사람들이 여기서 뭘 하나요?

· hacer 하다 · aquí 여기

---

**5** 어디서 택시를 타나요?

· tomar (탈 것을) 타다 · taxi 택시

---

**6** 여기서 무엇을 많이 먹나요?

· tomar 먹다, 마시다

---

**7** 내일 수업이 없다고 하던데.

· decir 말하다 · clase 수업 · mañana 내일

---

**정답**

1 Se come kimchi en Corea del Sur.          2 ¿Cómo se dice 'Hola' en coreano?

3 ¿Cómo se escribe '사랑해' en coreano?      4 ¿Qué se hace aquí?

5 ¿Dónde se toma el taxi?                     6 ¿Aquí qué se come mucho?

7 Se dice que mañana no hay clase.

# 정원이 있는 집을 임대합니다.

수동의 se

**포인트 콕!**

• 스페인 혹은 중남미에서 집을 구해 살 계획이 있으시다면 반드시 알아야 하는 표현을 배워보기로 해요. 바로 수동의 se인데요, 무인칭의 se가 '사람들이'라는 대중화 주어를 나타내줬다면 수동의 se는 3인칭 단수와 복수 형태인 'se'를 붙여서 '~한다'가 아닌 '~되어 진다'라는 수동의 의미를 가지게 됩니다. 주로 사물이 주어일 때 사용되겠죠?

**패턴 꽉!**

• ## Se compran las frutas.
세　　　꼼쁘란　라스　프루따스

과일을 판매한다. (과일이 사진다)

> **단어** • comprar 동 사다 • fruta 명 과일

• ## Se alquila casa con jardín.
세　　　알낄라　까사　꼰　하르딘

정원이 있는 집을 임대합니다. (정원이 있는 집이 임대됩니다)

> **단어** • alquilar 동 임대하다 • jardín 명 정원

• ## Se vende piso urgentemente.
세　　벤데　삐소　　　우르헨떼멘떼

급히 피소를 판매합니다. (급히 피소가 판매됩니다)

> **단어** • se 대 ~되어지다 • vender 동 팔다 • piso 명 삐소(스페인어권의 아파트 개념)
> • urgentemente 부 급히

무인칭의 se와 수동의 se 비교

**문법 더하기!**

　무인칭의 se와 수동의 se의 가장 큰 차이점은 무인칭의 se는 3인칭 단수 동사만 사용하고, 수동의 se는 3인칭 단수 동사와 복수 동사를 사용하며, 오직 타동사와 함께 쓰인다는 점입니다. 따라서, 단수 동사와 se 대명사가 사용된 경우, 무인칭의 se로도 수동의 se로도 해석될 수도 있답니다. 이럴 경우, 해석상의 차이도 아주 크지 않아요. 아래의 예시를 통해 확인해 볼게요.

### Se come mucho ajo en España.
세　꼬메　무초　아호　엔　에스빠냐

\* 무인칭의 se일 경우: 스페인에서는 (사람들이) 마늘을 많이 먹는다.

\*\* 수동의 se일 경우: 스페인에서는 마늘이 많이 먹어진다.

　위의 예시를 보시면 어쨌든 스페인에서는 마늘을 많이 먹는다는 뜻으로 의미가 통일되는 것을 확인하실 수 있으시죠? 이처럼 se와 3인칭 단수 동사가 사용됐을 경우 문맥상 더 자연스러운 해석으로 해주셔도 괜찮습니다.

**문장 패턴**

## Se alquilan las habitaciones.
세　　　알낄란　　　라스　　　　아비따씨오네스

방들을 임대합니다. (방들이 임대됩니다)

· **alquilar** 동 임대하다　　· **habitación** 명 방

## Se venden panes ricos.
세　　　　벤덴　　　빠네스　　리꼬스

맛있는 빵들이 팔린다.

· **vender** 동 팔다　　· **rico** 형 맛있는, 부유한, 풍부한

## Se oye música buena.
세　　오예　　　무시까　　　부에나

좋은 음악이 들린다.

· **oír** 동 듣다　　· **música** 명 음악

## Los bancos se abren a las nueve.
로스　　　　방꼬스　　세　　아브렌　알　라스　　누에베

은행들은 아홉시에 열린다.

· **banco** 명 은행　　· **abrir** 동 열다

## Los hospitales se cierran a medianoche.
로스　　　오스삐딸레스　세　　씨에ㄹ란 아　　　메디아노체

병원들은 자정에 닫는다.

· **hospital** 명 병원　　· **cerrar** 동 닫다　　· **medianoche** 명 자정

## Las flores se ven bonitas.
라스　　플로레스　세　　벤　　보니따스

예쁜 꽃들이 보인다. (보여진다)

· **ver** 동 보다　　· **flor** 명 꽃　　· **bonito** 형 예쁜

• 193

암기한 바를 쓰고 소리내어 읽어보아요.

**1** 급히 피소를 임대합니다.

_____

**2** 정원이 있는 집을 판매합니다.

_____

**3** 맛있는 빵들이 팔린다.

_____

**4** 좋은 음악이 들린다.

_____

**5** 스페인에서는 마늘이 많이 먹어진다.

_____

**6** 은행들은 아홉시에 열린다.

_____

**7** 병원들은 자정에 닫는다.

_____

제시된 어휘를 참고하여 실력을 쌓아요.

**1** 개인 욕실이 있는 방 하나를 임대합니다.

• baño privado 개인 욕실

---

**2** 수영장이 있는 집을 판매합니다.

• piscina 수영장

---

**3** 그 서점에서는 다양한 책들이 팔린다.

• vario 다양한

---

**4** 그 창문은 잘 열리지 않는다.

• ventana 창문

---

**5** 화장품 가게는 10시에 닫는다.

• perfumería 화장품 가게

---

**6** 그 펜들은 자주 사용된다.

• pluma 펜  • frecuentemente 자주

---

**7** 사진 촬영이 허용되지 않습니다.

• tomar fotos 사진 찍다  • permitir 허용하다

---

정답

1 Se alquila una habitación con baño privado.　　2 Se vende una casa con piscina.

3 En la librería se venden libros varios.　　4 La ventana no se abre bien.

5 La perfumería se cierra a las diez.　　6 Las plumas se usan frecuentemente.

7 No se permite tomar fotos.

식사 주문

Un Camarero (웨이터)

### ¿Qué desea tomar?
께 데세아 또마르?

뭐 드시겠어요?

### Queremos una ensalada Y una paella.
께레모스 우나 엔살라다 이 우나 빠에야

저희는 샐러드와 빠에야를 원합니다.

Dino

Un Camarero (웨이터)

### Y para beber?
이 빠라 베베르?

마실 건요?

### Una agua con gas y un zumo de naranja, por favor.
우나 아구아 꼰 가스 이 운 쑤모 데 나랑하, 뽀르 파보르

탄산수 하나와 오렌지 주스 하나 주세요.

Lila

## 스페인어 메뉴판 읽기

| | | | |
|---|---|---|---|
| carne | 고기 | pescado | 생선 |
| res | 소(고기) | atún | 참치 |
| cerdo | 돼지(고기) | salmón | 연어 |
| pollo | 닭(고기) | bacalao | 대구 |
| pato | 오리(고기) | sardina | 정어리 |
| verdura | 야채 | mariscos | 해산물 |
| tomate | 토마토 | gamba | 새우 |
| cebolla | 양파 | calamar | 오징어 |
| patata | 감자 | pulpo | 문어 |
| pepino | 오이 | mejillón | 홍합 |
| agua gaseosa | 탄산수 | agua sin gas | 미네랄워터 |
| refresco | 탄산음료 | zumo/jugo | 주스 |
| tinto | 레드 와인 | vino blanco | 화이트 와인 |

# 31 그들은 서로 정말 사랑해요.

상호의 se

### 포인트 콕!

- 대망의 마지막 se! 드디어 상호의 se를 배워보도록 하겠습니다. 아직도 se의 종류가 남아있었다니 놀라셨나요? 하지만 이제 정말 마지막이랍니다~ 그리고 정말 간단해요! 상호의 se는 se를 붙여 '서로'라는 의미 부여를 해주기 때문에 복수형인 'nos – os – se'만 사용 가능하답니다.

### 패턴 콕!

► **Ellos se aman mucho.**
에요스 세 아만 무초

그들은 서로 많이 사랑한다.

> 단어 · se 대 서로 ~하다 · amar 동 사랑하다

► **Jaime y Laura se abrazan.**
하이메 이 라우라 세 아브라싼

하이메와 라우라는 서로 껴안는다.

> 단어 · abrazar 동 껴안다

► **Dos personas se miran.**
도스 뻬르소나스 세 미란

두 사람이 서로 쳐다본다.

> 단어 · mirar 동 보다

### 문법 더하기!

상호의 se 들여다 보기

상호의 se가 들어가고 안 들어가고의 의미 차이를 비교해보도록 해요.

| 일반 문장 | SE 상호 문장 |
|---|---|
| La mujer y el hombre escriben. | La mujer y el hombre se escriben. |
| 그 여자와 그 남자는 편지를 쓴다. | 그 여자와 그 남자는 서로(에게) 편지를 쓴다. |
| (각자가 다른 사람에게 편지를 쓸 수 있음) | (여자는 남자에게, 남자는 여자에게 편지를 씀) |
| Los estudiantes saludan. | Los estudiantes se saludan. |
| 학생들이 인사한다. | 학생들이 서로 인사한다. |
| (각기 다른 사람에게 인사할 수 있음) | (학생들끼리 인사를 하고 있음) |

## 문장 패턴

# Las personas se ayudan.
라스 　 뻬르소나스 　 세 　 아유단

사람들이 서로 돕는다.

**단어** • persona 명 사람 　 • ayudar 동 돕다

# Los niños se pelean.
로스 　 니뇨스 　 세 　 뻴레안

그 꼬마 아이들은 서로 다툰다.

**단어** • pelear 동 다투다, 싸우다

# ¿Os conocéis de antes?
오스 　 꼬노세이스 　 데 　 안떼스

너희 이전부터 서로 아는 사이니?

**단어** • conocer 동 알다 　 • de antes 부 이전부터, 전부터

# Nos reunimos todos los domingos.
노스 　 르레우니모스 　 또도스 　 로스 　 도밍고스

우리는 서로 일요일마다 모인다.

**단어** • reunir 동 모이다 　 • domingo 명 일요일

# Los graduados se despiden.
로스 　 그라두아도스 　 세 　 데스뻬덴

졸업생들이 서로 작별한다.

**단어** • despedir 동 작별하다

# Se besan un niño y una niña.
세 　 베산 　 운 　 니뇨 이 　 우나 　 니냐

한 남자아이와 여자아이가 서로 뽀뽀한다.

**단어** • besar 동 키스하다 　 • niño 명 남자아이

● 199

암기한 바를 쓰고 소리내어 읽어보아요.

**1** 그들은 서로 많이 사랑한다.

---

**2** 하이메와 라우라는 서로 껴안는다.

---

**3** 사람들이 서로 돕는다.

---

**4** 그 꼬마 아이들은 서로 다툰다.

---

**5** 너희 서로 아는 사이니?

---

**6** 졸업생들이 서로 작별한다.

---

**7** 한 남자아이와 여자아이가 서로 뽀뽀한다.

---

**1** 쌍둥이들이 서로 쳐다본다.

  • gemelo 쌍둥이  • mirar 보다

**2** 우리는 오래전부터 아는 사이다.

  • hace mucho tiempo 오래전부터

**3** 그 연인은 키스하고 있다.

  • pareja 연인  • besar 키스하다

**4** 엄마와 딸이 서로 껴안는다.

  • hija 딸  • abrazar 껴안다

**5** 우리 언제 모일까?

  • reunir 모이다

**6** Eugenia와 Elena는 항상 서로 얘기한다.

  • hablar 말하다  • siempre 항상

**7** 나의 부모님께서는 서로 많이 사랑하신다.

  • amar 사랑하다

---

**정답**

1 Los gemelos se miran.　　　　2 Nos conocemos hace mucho tiempo.
3 La pareja se besa.　　　　4 La madre y la hija se abrazan.
5 ¿Cuándo nos reunimos?　　　　6 Eugenia y Elena se hablan siempre.
7 Mis padres se aman mucho.

# 이 멋진 물건은 뭐예요?

지시사

👆 **포인트 퀵!**

• 이번에는 의미 전달을 명확히 해주는 '이, 그, 저'를 의미하는 지시 형용사와 '이것, 그것, 저것'을 의미하는 지시 대명사를 배워보겠습니다. 지시사는 지시를 명확히 해주기 때문에 의미 전달을 확실히 하는 용도로 사용할 수 있답니다.

✋ **패턴 꽉!**

● — ¿Qué es este objeto fantástico?

　　　　께 에스　에스떼　　오브헤또　　　판따스띠꼬

이 멋진 물건은 뭐예요?

　　🔄 • este 형 이 (지시형용사)　• objeto 명 물건　• fantástico 형 멋진

● — ¿Qué es esto?

　　　　께 에스　에스또

이거 뭐예요?

　　🔄 • esto 대 이것 (지시 대명사 중성형)

● — Esto es increíble.

　　　에스또 에스　　인끄레이블레

○ ○ ○

　　🔄 • increíble 형 믿을 수 없는, 굉장한

👆 **문법 더하기!**

지시사와 중성형

지시 형용사와 지시 대명사는 똑같이 생겼기에 지시사만 사용하면 지시 대명사로서 명사처럼 홀로 사용할 수 있고 지시사 이후에 명사가 온다면 명사를 수식하는 지시 형용사로 사용할 수 있습니다.

또한, 지시사는 성·수 일치를 해줘야 하는데요, 성을 구별하지 않고 사용하는 중성형이 있습니다. 어떠한 사실 전체를 받아줄 때 자주 사용해요. 따라서 지시대명사 중성형을 자주 사용하기에 잘 알아둬 주세요.

| 지시 형용사 / 지시 대명사 | | | | | | | | |
|---|---|---|---|---|---|---|---|---|
| 이 / 이것 / 이분 (화자 > 청자) | | | 그 / 그것 / 그분 (화자 < 청자) | | | 저 / 저것 / 저분 (화자 − 청자) | | |
| | 단수 | 복수 | | 단수 | 복수 | | 단수 | 복수 |
| 남 | este | estos | 남 | ese | esos | 남 | aquel | aquellos |
| 녀 | esta | estas | 녀 | esa | esas | 녀 | aquella | aquellan |
| 중성 | esto | | 중성 | eso | | 중성 | aquello | |
| este libro 이 책 | | | esa entrada 그 입장권 | | | aquella flor 저 꽃 | | |

### Estos llaveros son bonitos.
에스또스 야베로스 손 보니또스

이 열쇠고리들은 예쁘다.

• este 형 이 (지시 형용사)　• llavero 명 열쇠고리　• bonito 형 예쁜

### Este es mi jefe.
에스떼 에스 미 헤페

이 분이 저의 상사이십니다.

• este 대 이것, 이 분 (지시 대명사)　• jefe 명 상사

### ¿Dónde se vende ese helado?
돈데 세 벤데 에세 엘라도

어디에서 그 아이스크림이 파나요?

• vender 동 팔다　• ese 형 그 (지시 형용사)　• helado 명 아이스크림

### ¿Cuánto cuesta eso?
꽌또 꾸에스따 에소

그거 얼마예요?

• costar 동 비용이 들다, 가격이 나가다　• eso 대 그것 (중성 지시 대명사)

### Aquellas empleadas tienen buenas capacidades.
아께야스 엠쁠레아다스 띠에넨 부에나스 까빠시다데스

저 여직원들은 좋은 역량을 가지고 있다.

• aquel 형 저 (지시 형용사)　• empleado 명 직원　• tener 동 가지다　• capacidad 명 역량

### Aquello es la mentira.
아께요 에스 라 멘띠라

저것은 거짓말이다.

• aquello 대 저것　• mentira 명 거짓말

암기한 바를 쓰고 소리내어 읽어보아요.

**1** 이거 뭐예요?

_____

**2** 이 지갑 얼마예요?

_____

**3** 이 열쇠고리들은 예쁘다.

_____

**4** 이 분은 저의 상사이십니다.

_____

**5** 어디에서 그 아이스크림이 파나요?

_____

**6** 저것은 거짓말이다.

_____

**7** 저 여직원들은 좋은 역량을 가지고 있다.

_____

_____

정답

1 ¿Qué es esto?　　　　　　　　2 ¿Cuánto es esta cartera?

3 Estos llaveros son bonitos.　　　4 Este es mi jefe.

5 ¿Adónde se vende ese helado?　　6 Aquello es la mentira.

7 Aquellas empleadas tienen buenas capacidades.

204 •

제시된 어휘를 참고하여 실력을 쌓아요.

**1** 그것은 불가능하지 않다.

· imposible 불가능한

---

**2** 이건 아무것도 아니다.

· nada 아무것도 아닌 것

---

**3** 저것이 심각한 문제다.

· problema 문제 · grave 심각한, 중대한

---

**4** 저 사람들은 내 직장 동료들이다.

· compañero de trabajo 직장 동료

---

**5** 이 원피스를 다른 색상으로 원해요.

· vestido 원피스 · de otro color 다른 색상의

---

**6** 저 여자가 내 여자친구이고 그 여자는 사촌이다.

· primo 사촌

---

**7** 그 손목시계는 이미 가지고 있다.

· reloj de pulsera 손목시계 · ya 이미

---

정답

1 Eso no es imposible.    2 Esto no es nada.

3 Aquello es un problema grave.    4 Aquellos son mis compañeros de trabajo.

5 Quiero este vestido de otro color.    6 Aquella es mi novia y esa es mi prima.

7 Ya tengo ese reloj de pulsera.

계산하기

**Dino**

## Camarero, la cuenta, por favor.
까마레로, 라    꾸엔따,    뽀르    빠보르

웨이터, 계산서 주세요.

Un Camarero (웨이터)

## Aquí tiene.
아끼    띠에네

여기 있습니다.

**Dino**

## ¿Puedo pagar con tarjeta?
뿌에도    빠가르    꼰    따르헤따?

카드로 계산해도 되나요?

Un Camarero (웨이터)

## Lo siento. Solo en efectivo, por favor.
로 씨엔또.    쏠로 엔    에펙띠보,    뽀르    빠보르

죄송합니다. 오직 현금으로만 가능합니다.

- **얼마예요?**

¿Cuánto es?
판또 에스?

¿Cuánto vale?
판또 발레?

¿Cuánto cuesta?
판또 꾸에스따?

¿Qué precio tiene?
께 쁘레시오 띠에네?


- **다양한 계산 표현**

Quiero pagar con tarjeta.
끼에로 빠가르 꼰 따르헤따

카드로 계산하고 싶어요.

Voy a pagar en efectivo.
보이 아 빠가르 엔 에펙띠보

현금으로 지불할게요.

Queremos pagar por separado.
께레모스 빠가스 뽀르 세빠라도

저희 더치페이할게요.

Pagamos mitad y mitad.
빠가모스 미땃 이 미땃

우리 반반씩 계산하자.

## 저 집이 당신의 집이에요?

소유사

### 포인트 쾩!

- 이번에는 누구의 것인지 소유사를 통해 '소유'를 표현해보겠습니다. 소유사는 명사 앞에 위치하는 전치형과 명사 뒤에 위치하는 후치형이 있답니다. 누구의 것인지 '소유'를 강조하고 싶다면 전치형을, '대상'을 강조하고 싶다면 후치형을 사용한다고 생각하시면 됩니다. 또한, 소유 대명사는 '~의 것'이라는 명사의 의미로 사용되는데, 소유 형용사 앞에 정관사를 넣어주면 되기 때문에 간단하게 사용하실 수 있습니다.

### 패턴 쾩!

● **Mi profesora es agradable.**
　미　　　　쁘로페소라　에스　　　　아그라다블레

　　　　　　　　　　　　　　　　　　　　　　　　나의 선생님은 상냥하시다.

> 단어 • **mi** 형 나의 (소유 형용사) • **profesor** 명 선생님, 교수 • **agradable** 형 상냥한

● **Su palabra es confiable.**
　수　　　빨라브라　에스　　　꼰피아블레

　　　　　　　　　　　　　　　　　　　　　　　　그의 말은 믿을만하다.

> 단어 • **su** 형 그의 (소유 형용사) • **palabra** 명 단어 • **confiable** 형 믿을만한

● **¿De quién es esto? – Es mío.**
　데　　끼엔 에스 에스또　　　에스　　미오

　　　　　　　　　　　　　　　　　　　　　이거 누구 건가요? – 제 것입니다.

> 단어 • **esto** 대 이것 (지시 대명사 중성형) • **mío** 대 나의 것 (소유 형용사)

### 문법 더하기!

소유 형용사와 소유 대명사

| 소유 형용사 전치형 | | | 소유 형용사 후치형 | | |
|---|---|---|---|---|---|
| | 단수 | 복수 | | 단수 | 복수 |
| 1 | mi | nuestro/a | 1 | mío/a | nuestro/a |
| 2 | tu | vuestro/a | 2 | tuyo/a | vuestro/a |
| 3 | su | su | 3 | suyo/a | suyo/a |
| 소유 대명사 단수형 | | | 소유 대명사 복수형 | | |
| | El / La + 단수 | | | Los / Las + 복수 | |
| 1 | mío/a | nuestro/a | 1 | mío/a | nuestro/a |
| 2 | tuyo/a | vuestro/a | 2 | tuyo/a | vuestro/a |
| 3 | suyo/a | suyo/a | 3 | suyo/a | suyo/a |

## Mi casa es tu casa.
미  까사 에스 뚜  까사

나의 집은 당신의 집입니다. (편히 계세요)

· mi 형 나의   · casa 동 집   · tu 형 너의


## Nuestro perro es muy lindo.
누에스쁘로  뻬르로 에스  무이  린도

우리 개는 아주 귀엽다.

· nuestro 형 우리   · perro 명 개   · lindo 형 매력적인


## ¿Cuándo termina vuestra clase?
꽌도  떼르미나  부에스쁘라  끌라세

너희 수업 언제 끝나니?

· terminar 동 끝내다   · clase 명 수업, 교실


## ¿Este bolso es el tuyo?
에스떼  볼소 에스 엘  뚜요

이 가방 너의 것이니?

· bolso 명 가방   · tuyo 대 너의 것


## El pintalabios suyo es rojo puro.
엘  뻰따라비오스  수요 에스  로호  뿌로

그녀의 립스틱은 새빨간 색이다.

· pintalabios 명 립스틱   · suyo 형 그의, 그녀의 ( 소유형용사 후치형 )   · puro 형 순수한, 순종의
· rojo 형명 빨강의, 빨간색


## Ese paraguas es el suyo.
에세  빠라과스 에스 엘  수요

그 우산은 그녀의 것이다.

· ese 형 그 ( 지시 형용사 )   · paraguas 명 우산   · suyo 대 그의 것, 그녀의 것 (소유 대명사)

암기한 바를 쓰고 소리내어 읽어보아요.

**1** 나의 선생님은 상냥하시다.

_____

**2** 우리 개는 아주 귀엽다.

_____

**3** 그의 말은 믿을만하다.

_____

**4** 너희 수업 언제 끝나니?

_____

**5** 이거 누구 건가요? – 제 것입니다.

_____

**6** 이 가방 너의 것이니?

_____

**7** 그 우산은 그녀의 것이다.

_____

_____

정답

1 Mi profesora es agradable.    2 Nuestro perro es muy lindo.

3 Su palabra es confiable.    4 ¿Cuándo termina vuestra clase?

5 ¿De quién es esto? – Es mío.    6 ¿Este bolso es el tuyo?

7 Esa paraguas es la suya.

제시된 어휘를 참고하여 실력을 쌓아요.

**1** 어느 것이 너의 것이니?

· cuál 어느 것

---

**2** 내 집은 그의 집과 이웃에 있다.

· junto a ~옆에, ~가까이에

---

**3** 그 갈색 외투는 내 것이다.

· abrigo 외투 · marrón 갈색

---

**4** 너희 목소리가 너무 크다.

· voz 목소리 · alto 큰

---

**5** 지금이 우리 차례다.

· turno 차례, 순서

---

**6** 박스 안의 물건들은 그들의 것들이다.

· caja 상자 · dentro de ~안에

---

**7** 우리의 것은 이것들이고 너희의 것은 저것들이다.

· esto 이것 · aquello 저것

---

**정답**

1 ¿Cuál es el tuyo?

2 Mi casa está junto a la suya.

3 El abrigo marrón es el mío.

4 Vuestras voces son muy altas.

5 Ahora es nuestro turno.

6 Los objetos dentro de la caja son los suyos.

7 Estos son los nuestros y aquellos son los vuestros.

## 뭐 하는 걸 좋아해요?

gustar 동사와 간접목적대명사

👉 **포인트 콕!**

- 싫은데 싫다고 못 하고 좋은데 좋다고 전하지 못한다면 얼마나 답답할까요? 스페인어로 '좋다, 싫다'라는 표현을 배워볼게요. 먼저 '~을 좋아한다'라는 의미로 사용되는 gustar 동사는 간접목적격(me-te-le-nos-os-les)를 앞에 붙여 세트로 사용을 해주어야 하는데요, '~을 싫어한다'라는 의미는 gustar 동사 앞에 'no'를 붙이면 '좋아하지 않는다'는 좀 더 부드러운 말로 사용하실 수 있습니다.

👆 **패턴 꽉!**

→ **Me gusta la sandía.**

메　구스따　라　　산디아

나는 수박을 좋아한다.

> 🔊 • me 목 나에게, 나를　• gustar 동 좋아하다　• sandía 명 수박

→ **No me gusta beber.**

노　메　구스따　　베베르

나는 술 마시는 것을 좋아하지 않는다.

> 🔊 • me 목 나에게, 나를　• beber 동 마시다, 술 마시다

→ **¿Te gusta leer?**

떼　구스따　레에르

너 책 읽는 거 좋아하니?

> 🔊 • te 목 너에게, 너를　• leer 동 읽다

✋ **문법 더하기!**

gustar 동사와 간접목적대명사

　　사실 gustar 동사의 정확한 뜻은 '~에게 즐거움을 주다'입니다. 이를 간단하게 '~을 좋아한다'라고 사용하는 것이지요. 때문에 본래의 의미에 맞게 '~에게'라는 간접목적격의 의미가 들어가 줘야 하는 것이랍니다. 따라서 간접목적격 'me - te - le - nos - os - les'를 잘 암기해주셔야 하세요. 그리고 무엇보다 중요한 것은 gustar 동사는 3인칭 단수 혹은 복수만 사용해준다는 것인데요. 즐거움을 주는 대상이 단수냐 복수냐에 따라 달라지는 것이랍니다. 동사원형을 사용한다면 아무리 동사가 많이 나와도 단수형 gusta를 사용해주시면 돼요. 아래의 예시를 확인해 보세요. 또한 'a mi - a tí - a él/ella/Ud. - a nosotros - a vosotros - a ellos/ellas/Uds.' 중복형을 사용하기도 합니다.

| 아이스크림이 나에게 즐거움을 준다. | 영화 보는 것은 나에게 즐거움을 준다. |
|---|---|
| El helado me gusta. | Ver películas me gusta. |
| 나는 아이스크림을 좋아한다. | 나는 영화 보는 것을 좋아한다. |
| Me gusta el helado. | Me gusta ver películas. |

## ¿Qué te gusta comer?
께 떼 구스따 꼬메르

너 뭐 먹는 걸 좋아하니?

• te 목 너에게, 너를   • comer 동 먹다

## ¿Cuál le gusta más entre chocolate y caramelo?
꽐 레 구스따 마스 엔뜨레 초꼴라떼 이 까라멜로

초콜릿과 사탕 중에서 어느 것을 더 좋아하세요?

• chocolate 명 초콜릿   • caramelo 명 사탕   • entre a y b 숙 a와 b 중에서

## Nos gusta bailar y cantar.
노스 구스따 바일라르 이 깐따르

우리는 춤추고 노래하는 것을 좋아한다.

• bailar 동 춤추다   • cantar 동 노래하다

## ¿Os gusta subir a la montaña?
오스 구스따 수비르 알 라 몬따냐

너희는 등산하는 거 좋아하니?

• subir a la montaña 동 등산하다

## No les gustan la comida grasienta.
노 레스 구스딴 라 꼬미다 그라시엔따

그녀들은 기름진 음식을 좋아하지 않는다.

• comida 명 음식   • grasiento 형 기름진

## No les gusta limpiar y arreglar.
노 레스 구스따 림삐아르 이 아르레글라르

그들은 청소하고 정리하는 것을 좋아하지 않는다.

• limpiar 동 청소하다   • arreglar 동 정리하다

암기한 바를 쓰고 소리내어 읽어보아요.

**1** 나는 술 마시는 것을 좋아하지 않는다.

_____

**2** 너 책 읽는 거 좋아하니?

_____

**3** 너 뭐 먹는 걸 좋아하니?

_____

**4** 너희는 등산하는 거 좋아하니?

_____

**5** 초콜릿과 사탕 중에서 어느 것을 더 좋아하세요?

_____

**6** 그녀들은 기름진 음식을 좋아하지 않는다.

_____

**7** 그들은 청소하고 정리하는 것을 좋아하지 않는다.

_____

---

**정답**

1 No me gusta beber. 　　　　　　　　　　　2 ¿Te gusta leer?

3 ¿Qué te gusta comer? 　　　　　　　　　4 ¿Os gusta subir a la montaña?

5 ¿Cuál le gusta más entre chocolate y caramelo? 　6 No les gustan la comida grasienta.

7 No les gusta limpiar y arreglar.

**1** 너 어떤 타입의 남자를 좋아하니?

· tipo 타입 · hombre 남자

**2** 여가 시간에 뭐 하시는 거 좋아하세요?

· tiempo libre 여가 시간

**3** 너 파란색과 노란색 중에 어떤 색을 더 좋아하니?

· azúl 파란색 · amarillo 노란색

**4** 나는 기다리는 것을 싫어한다.

· esperar 기다리다

**5** 그녀는 거짓말을 싫어한다.

· mentira 거짓말

**6** 그들은 솔직하고 순수한 사람들을 좋아한다.

· franco 솔직한 · puro 순수한

**7** 그가 잔인한 것을 좋아하는 건 위험하다.

· cruel 잔인한 · peligroso 위험한

---

**정답**

1 ¿Qué tipo de hombre te gusta?  2 ¿Qué te gusta hacer en tu tiempo libre?

3 ¿Qué color te gusta más entre el azul y el amarillo?

4 No me gusta esperar.  5 No le gusta la mentira.

6 Les gustan a las personas francas y puras.  7 Es peligroso que le gusta lo cruel.

## 취미 문답

**Lila**

¿Qué te gusta hacer en tu tiempo libre?
께 떼 구스따 아쎄르 엔 뚜 띠엠뽀 리브레?
여가 시간에 뭐 하는 걸 좋아하니?

Me gusta jugar al fútbol y leer. ¿Y a tí?
메 구스따 후가르 알 풋볼 이 레에르. 이 아 띠?
나는 축구하는 거랑 책 읽는 걸 좋아해. 너는?

**Dino**

**Lila**

Me gusta montar en bicicleta y cocinar.
메 구스따 몬따르 엔 비씨끌레따 이 꼬씨나르
나는 자전거를 타는 거랑 요리하는 것을 좋아해.

¡Qué interesante! Tienes un buen hobby.
께 인떼레싼떼! 띠에네스 운 부엔 오비
흥미롭다! 너 좋은 취미를 가졌구나.

**Dino**

- **취미 묻기**

¿Qué te gusta hacer en tu tiempo libre?

께 떼 구스따 아쎄르 엔 뚜 띠엠뽀 리브레?

여가 시간에 뭐 하는 걸 좋아하니?

¿Cuál es tu hobby / afición?

꽐 에스 뚜 오비 / 아픽씨온?

너의 취미가 무엇이니?

- **주요 취미 표현하기**

Escuchar música

에스꾸차르 무시까

음악 듣기

Ver películas

베르 뻴리꿀라스

영화 보기

Pintar / Dibujar

삔따르 / 디부하르

그림 그리다 / 스케치하다

Hacer gimnasio

아쎄르 힘나시오

운동하기 (헬스, 웨이트 트레이닝)

Tocar piano / guitarra

또까르 삐아노 / 기따르라

피아노 / 기타 치기

# 35 이번 파티에 당신을 초대합니다.
직접목적대명사

### 포인트 콕!

• 간접 목적대명사를 암기했다면 이번에는 반대로 직접 목적대명사를 알아봐야겠죠? 직접 목적대명사는 '~을/를'이라는 뜻을 가지고 있는데요, 간접목적격과 비교했을 때 3인칭만 달라져요. 즉, 직접 목적대명사는 'me-te-lo/la/le-nos-os-los/las/les'로 변화합니다. 사물을 받아줄 경우에는 3인칭 'lo/la/los/las'를 사용하고 앞서 언급된 단어의 중복을 피하기 위해 사용하곤 합니다.

### 패턴 꽉!

— **Hoy yo te invito.**
　오이　요　떼　　인비또

　　　　　　　　　　　오늘 내가 쏠게. (오늘 내가 너를 초대할게)

단어 • hoy 명 오늘　• te 대 너를, 너에게　• invitar 동 초대하다

— **Le invito a esta fiesta.**
　레　　인비또 아 에스따　피에스따

　　　　　　　　　　　이번 파티에 당신을 초대합니다.

단어 • le 대 당신을, 당신에게　• invitar 동 초대하다　• este 지 이 (this)　• fiesta 명 파티

— **Te quiero muchísimo.**
　떼　　끼에로　　　　무치시모

　　　　　　　　　　　나는 너를 정말 많이 사랑해.

단어 • te 대 너에게, 너를　• querer 동 원하다, 사랑하다　• muchísimo 형명 정말 많이 (Mucho의 최상급)

### 문법 더하기!

직접 목적 대명사

간접 목적 대명사와 3인칭만 달라지는 직접 목적 대명사는 더 쉽게 외우실 수 있겠죠~? 3인칭을 제외한 나머지 인칭들은 때에 따라 간·목 혹은 직·목으로 자연스러운 해석을 해주시면 됩니다. 직접 목적 대명사로 특히 사물을 받아줄 경우에는 성·수에 따라 'lo/la/los/las'로 변화한다는 사실을 기억해 주세요. 예시를 통해서 직접 목적 대명사에 적용해 봅시다!

| me | te | lo/la/le | nos | os | los/las/les |
|---|---|---|---|---|---|
| 나를 | 너를 | lo - 그를, 그것을<br>la - 그녀를, 그것을<br>le - 그를, 당신을 | 우리를 | 너희를 | los - 그들을, 그것들을<br>las - 그녀들을, 그것들을<br>les - 그들을, 당신들을 |

| | | | |
|---|---|---|---|
| • David pinta el muro. | 다비드가 벽을 칠한다. | → David lo pinta. | 다비드가 그것을 칠한다. |
| • Elena escribe una novela. | 엘레나가 소설을 쓴다. | → Elena la escribe. | 엘레나가 그것을 쓴다. |
| • No conocemos a María. | 우리는 마리아를 모른다. | → No la conocemos. | 우리는 그녀를 모른다. |

## ¿Cómo lo conoces?
꼬모 로 꼬노세스

너 그를 어떻게 아니?

• lo 대 그를, 그것을   • conocer 동 알다

## Compro una rosa todos los días. – ¿Dónde la compras?
꼼쁘로 우나 르로사 또도스 로스 디아스   돈데 라 꼼쁘라스

나 매일 장미 한 송이를 산다 – 어디서 그것을 사니?

• comprar 동 사다   • rosa 명 장미   • todos los días 부 매일   • la 대 그것을

## Un hombre toca el piano. – ¿Lo toca bien?
운 옴브레 또까 엘 삐아노   로 또까 비엔

한 남자가 피아노를 치고 있어. – 그것을 잘 치니?

• hombre 명 남자, 사람   • tocar 동 만지다, 악기 연주하다

## Los niños comen helados. – ¿Quién se los da a ellos?
로스 니뇨스 꼬멘 엘라도스   끼엔 세 로스 다 아 에요스

아이들이 아이스크림을 먹고 있다. – 누가 그들에게 그것들을 주니?

• comer 동 먹다   • helado 명 아이스크림   • se 목 그/그녀/그들/그녀들에게 (3인칭 간접목적격 le의 변화형)
• dar 동 주다

## Un extranjero canta una canción. – ¿La canta en español?
운 엑스뜨랑헤로 깐따 우나 깐시온   라 깐따 엔 에스빠뇰

한 외국인이 노래를 부른다. – 그것을 스페인어로 부르니?

• extranjero 명 외국인   • cantar 동 노래하다   • canción 명 노래

## Julio trae una tortilla. – ¿La cocinó él?
훌리오 뜨라에 우나 또르띠야   라 꼬씨노 엘

훌리오가 또르띠아를 가져온다. – 그것을 그가 요리했니?

• traer 동 가져오다   • tortilla 명 스페인식 오믈렛   • cocinar 동 요리하다
• cocinó 동 요리했다 (요리하다 cocinar 동사의 3인칭 과거형)

암기한 바를 쓰고 소리내어 읽어보아요.

**1** 오늘 내가 쏠게.

_____

**2** 우리는 그녀를 모른다.

_____

**3** 너 그를 어떻게 아니?

_____

**4** 한 남자가 피아노를 치고 있어. – 그것을 잘 치니?

_____

**5** 아이들이 아이스크림을 먹고 있다. – 누가 그들에게 그것들을 주니?

_____

**6** 나 매일 장미 한 송이를 산다 – 어디서 그것을 사니?

_____

**7** 한 외국인이 노래를 부른다. – 그것을 스페인어로 부르니?

_____

---

**정답**

1 Hoy yo te invito.  2 No la conocemos.

3 ¿Cómo lo conoces?  4 Un hombre toca el piano. – ¿Lo toca bien?

5 Los niños comen helados. – ¿Quién se los da a ellos?

6 Compro una rosa todos los días. – ¿Adónde la compras?

7 Un extranjero canta una canción. – ¿La canta en español?

제시된 어휘를 참고하여 실력을 쌓아요.

**1** 너를 진심으로 사랑해.

• amar 사랑하다 • de todo corazón 진심으로

---

**2** 나는 그것을 모른다. (몰라요)

• saber 알다

---

**3** 나는 항상 아침을 먹는다. – 몇 시에 아침을(그것을) 먹니?

• desayuno 아침

---

**4** 저는 재킷을 사고 싶어요. – 어떤 색상으로 그것을 원하세요?

• chaqueta 재킷

---

**5** 스페인어 사전 있으세요? – 지금 그것을 가지고 있지 않아요.

• diccionario 사전

---

**6** 그는 그녀를 오랫동안 기다린다.

• esperar 기다리다 • por mucho tiempo 오랫동안

---

**7** 나는 4개 국어를 말한다. – 어떻게 그것들을 공부하니?

• hablar 말하다 • lengua 언어

---

# 종종 어머니께 꽃을 선물해요.

간·목과 직·목의 활용

✍ **포인트 콕!**

• 간접 목적 대명사와 직접 목적 대명사의 개념과 쓰임은 명확히 이해 하셨나요? 이번에는 간 · 목과 직 · 목을 함께 사용해보도록 하겠습니다. 한 문장에 간 · 목과 직 · 목을 같이 쓸 때는 간 · 목이 먼저 위치하고 둘 다 3인칭일 경우 간 · 목은 le에서 se로 모습을 바꿔줘야 한답니다.

✋ **패턴 꽉!**

**Regalo una flor a mi madre.**
ㄹ레갈로   우나 플로르 아  미    마드레

어머니께 꽃 한송이를 선물한다.

　　• regalar 통 선물하다   • flor 명 꽃

**Le regalo una flor.**
레    ㄹ레갈로   우나 플로르

그녀에게 꽃을 선물한다.

　　• le 대 그녀에게, 그에게, 당신에게 (간접 목적 대명사)

**Se la regalo.**
세 라   ㄹ레갈로

그녀에게 그것을 선물한다.

　　• se 대 그녀에게 (3인칭 간접 목적 대명사)   • la 대 그것을

✋ **문법 더하기!**

간접 목적 대명사와 직접 목적 대명사

'~에게'라는 의미를 부여해주는 간접목적대명사와 '~을/를'이라는 의미의 직접목적대명사는 3인칭을 중점으로 암기를 해주시면 좋은데요, 주의할 점은 만약 한 문장에 간 · 목과 직 · 목이 같이 나온다면 앞에 먼저 위치하는 간 · 목은 le에서 se로 변화되어야 한다는 것입니다. 아래에 예시를 확인해주세요.

| | me | te | lo/la/le | nos | os | los/las/les |
|---|---|---|---|---|---|---|
| 간목 | 나에게 | 너에게 | le (se) – 그/그녀/ 당신에게 | 우리에게 | 너희에게 | les (se) – 그들/ 그녀들/ 당신들에게 |
| 직목 | 나를 | 너를 | lo – 그를, 그것을<br>la – 그녀를, 그것을<br>le – 그를, 당신을 | 우리를 | 너희를 | los – 그들을, 그것들을<br>las – 그녀들을, 그것들을<br>les – 그들을, 당신들을 |

• 그녀에게 그것(남성 명사)을 준다.　→ Le lo da. (X)　　　→ Se lo da. (O)
• 그에게 그것(여성 명사)을 판다.　→ Le la vende. (X)　　→ Se la vende. (O)
• 당신에게 그것들을 빌려준다.　→ Le los presto. (X)　　→ Se los presto. (O)

# El profesor te lo manda.
엘　　쁘로페소르　뗄 로　　　　만다

선생님이 너에게 그것을 지시하신다.

단어 • mandar 통 지시하다, 명령하다　　• Lo/a/os/as 대 그것/그것들

# El camarero nos los trae.
엘　　　까마레로　노스 로스 뜨라에

웨이터가 우리에게 그것들을 가져다준다.

단어 • camarero 명 웨이터　　• traer 통 가져오다

# Os lo llevo en seguida.
오스 로　　예보 엔　　　세기다

즉시 너희에게 그것을 가져갈게.

단어 • llevar 통 가지고 가다　　• en seguida 부 즉시, 바로

# ¿Vas a decírselo?
바스 아　　　데시르셀로

너 그들에게 그것을 말할 거니?

단어 • ir a inf 숙 ~할 것이다　　• decir 통 말하다

# ¿Vais a prestárselos?
바이스 아　　　쁘레스따르셀로스

너네 그에게 그것들을 빌려줄 거니?

단어 • ir a inf 숙 ~할 것이다　　• prestar 통 빌려주다

\* 간·목과 직·목이 동사원형 뒤에 바로 붙을 수 있습니다.

# Puedes entregársela?
뿌에데스　　　엔뜨레가르셀라

그녀에게 그것을 건네줄 수 있니?

단어 • poder 통 ~할 수 있다　　• entregar 통 건네주다　　• Lo/a/os/as 대 그것/그것들

**복습 톡톡**  암기한 바를 쓰고 소리내어 읽어보아요.

**1** 그녀에게 꽃을 선물한다.

_____

**2** 당신에게 그것들을 빌려준다.

_____

**3** 그녀에게 그것을 전해줄 수 있니?

_____

**4** 선생님이 너에게 그것을 지시하신다.

_____

**5** 웨이터가 우리에게 그것들을 가져다준다.

_____

**6** 즉시 너희에게 그것을 가져갈게.

_____

**7** 그들에게 그것을 말할 거니?

_____

---

**정답**

1 Le regalo una flor.　　　　　2 Se los presto.

3 Puedes enviarsela?　　　　　4 El profesor te lo manda.

5 El camarero nos los trae.　　 6 Os lo llevo en seguida.

7 ¿Vas a decirselo?

제시된 어휘를 참고하여 실력을 쌓아요.

**1** 나에게 그것을 가지고 올 수 있니?

* trear 가지고 오다

**2** 너에게 그것들을 선물하고 싶어.

* querer 원하다 · regalar 선물하다

**3** 선생님이 학생들에게 그것을 공지한다.

* maestro 선생님 · notificar 공지하다

**4** 누군가 그에게 음료를 사준다.

* alguien 누군가 · bebida 음료 · comprar 사다

**5** 그가 아이들에게 단 것을 주고 있다.

* dar 주다 · dulce 단 것, 과자

**6** Javier가 그녀에게 저녁을 준비한다.

* preparar 준비하다 · cena 저녁

**7** 기계공이 그에게 그것을 고쳐준다.

* mecánico 기계공 · reparar 고치다, 수리하다

---

**정답**

1 ¿Puedes traérmelo?　　　　　2 Quiero regalartelos.

3 El maestro se lo notifica.　　　4 Alguien se la compra.

5 Les da los dulces. / Se los da.　6 Javier se la prepara.

7 El mecánico se lo repara.

예약하기

Dino

**Quiero reservar dos billetes.**
끼에로   레세르바르   도스   비예떼스
티켓 두 장을 예매하고 싶습니다.

Una Empleada (직원)

**¿Qué película y a qué hora quiere?**
께   뻴리꿀라 이 아   께   오라   끼에레?
어느 영화로 몇 시에 원하세요?

Dino

**'El Todo del Amor', a las 8.**
'엘   또도 델   아모르', 알 라스 오쵸
'사랑의 모든 것', 여덟시요.

Una Empleada (직원)

**Bien. Ya está. Aquí tiene.**
비엔. 야 에스따.   아끼 띠에네
좋아요. 다 됐습니다. 여기 있습니다.

## • 다양한 예약 표현

Quiero reservar una mesa para dos esta noche.
끼에로　　　르레세르바르　　우나　　　메사　　빠라　도스　에스따　　　노체

오늘 밤 2인을 위한 테이블 하나를 예약하고 싶어요.

Quiero reservar una habitación individual.
끼에로　　　르레세르바르　　우나　　　　아비따씨온　　　인디비두알

싱글룸 하나를 예약하고 싶어요.

Quiero reservar dos plazas del espectáculo flamenco.
끼에로　　　르레세르바르　　도스　　블라사스　　델　　　에스뻭따꿀로　　　　플라멩꼬

플라멩고 공연 2좌석을 예약하고 싶습니다.

Quiero reservar un billete de ida y vuelta para Barcelona.
끼에로　　　르레세르바르　　운　　비예떼　데　이다 이　부엘따　　빠라　　　바르셀로나

바르셀로나행 왕복 티켓 한 장 예약을 원합니다.

Quiero reservar dos entradas del partido fútbol de 13 de junio.
끼에로　　　르레세르바르　　도스　　엔뜨라다스　　델　　빠르띠도　　풋볼　데 뜨레세 데　후니오

6월 13일 축구 경기 입장권 2장을 예매하고 싶습니다.

# 37 옷이 아주 잘 어울리세요.
gustar형 동사들

- 스페인어로 '좋아한다'는 표현을 할 때 사용했던 gustar 동사 잘 기억하고 계시죠? 그런데 gustar 동사만 간접 목적 대명사와 함께 하는 것은 아니랍니다. 바로 gustar형 동사들이 존재하는데요, 간접 목적 대명사 'me-te-le-nos-os-les'와 3인칭 단수 및 복수 동사만 사용한답니다.

### 패턴 꽉!

**●━ Le queda muy bien la ropa.**
　　레　　　　께다　　무이　　비엔　라　르로빠

그 옷이 아주 잘 어울리세요.

> **단어** · quedar 동 남아있다, 옷이 맞다　· ropa 명 옷

**●━ Me duele la cabeza.**
　　메　　　두엘레　라　　까베싸

저 머리가 아파요.

> **단어** · doler 동 아프다　· cabeza 명 머리

**●━ No me apetece comer.**
　　노　메　　아뻬떼쎄　　꼬메르

입맛이 없네. (먹는 게 탐나지 않네)

> **단어** · apetecer 동 탐나다　· comer 동 먹다

### 문법 더하기!

주요 gustar형 동사들

| aburrir 지루하다 | No me aburre la película. 나는 그 영화가 지루하지 않다. |
|---|---|
| apetecer 탐내다 | ¿Qué le apetece comer? 무엇을 드시기 원하세요? |
| doler 아프다 | ¿Dónde le duele? 어디가 아프세요? |
| encantar 무척 즐거움을 주다 | Me encanta cantar. 나는 노래하는 것을 무척 좋아한다. |
| faltar 부족하다 | Nos falta tiempo. 우리는 시간이 부족하다. |
| interesar 흥미를 주다 | ¿Te interesa fútbol? 너 축구 관심 있니? |
| parecer ~처럼 보이다 | Me parece buena idea. 좋은 생각처럼 보인다. |

# ¿Qué te parece?
께 떼 빠레쎄

너에게 어때 보이니? (네 생각은 어때?)

- parecer 동 ~처럼 보이다

# Me duele mucho el corazón.
메 두엘레 무초 엘 꼬라쏜

나 마음이 너무 아파.

- doler 동 아프다 · corazón 명 심장, 마음

# ¿No te apetece estudiar español?
노 떼 아뻬떼쎄 에스뚜디아르 에스빠뇰

스페인어 공부하는 것이 끌리지 않니?

- apetecer 동 끌리다, 탐나다 · español 동 스페인어

# ¿Qué te encanta hacer?
께 떼 엔깐따 아쎄르

너 무엇 하는 것을 많이 좋아하니?

- encantar 동 무척 좋아하다 · hacer 동 하다, 만들다, ~하게 하다

# Les falta 500 pesos.
레스 팔따 끼니엔또스 뻬소스

당신들은 500페소가 부족하세요.

- faltar 동 부족하다 · peso 명 페소 (중남미 화폐 단위)

# Nos interesan mucho los deportes.
노스 인떼레산 무초 로스 데뽀르떼스

우리는 스포츠에 관심이 많이 있다.

- interesar 동 관심 있다, 흥미를 주다 · deporte 명 운동, 스포츠

암기한 바를 쓰고 소리내어 읽어보아요.

**1** 그 옷이 아주 잘 어울리세요.

_____

**2** 입맛이 없네.

_____

**3** 어디가 아프세요?

_____

**4** 나 마음이 너무 아파.

_____

**5** 스페인어 공부하는 것이 끌리지 않니?

_____

**6** 네 생각은 어때?

_____

**7** 우리는 스포츠에 관심이 많이 있다.

_____

---

정답

[1] Le queda muy bien la ropa.      [2] No me apetece comer.

[3] ¿Dónde le duele?      [4] Me duele mucho el corazón.

[5] ¿No te apetece estudiar español?      [6] ¿Qué te parece?

[7] Nos interesan mucho los deportes.

제시된 어휘를 참고하여 실력을 쌓아요.

**1** 이 옷 나에게 잘 어울리나요?

  • ropa 옷  • quedar 남다. 옷이 맞다

**2** 저 다리가 아파요.

  • doler 아프다  • pierna 다리

**3** 우리는 노력이 부족해요.

  • esfuerzo 노력

**4** 술은 관심 없어요.

  • alcohol 술, 알코올

**5** 너 무슨 말을 하고 싶은 거니?

  • decir 말하다  • apetecer 탐나다, 끌리다

**6** 회의가 지루하지 않으세요?

  • reunión 회의

**7** 그녀는 쇼핑하는 것을 무척 좋아한다.

  • hacer la compra 쇼핑하다

---

정답

1 ¿Me queda bien esta ropa?  2 Me duelen las piernas.
3 Nos falta esfuerzo.  4 No me interesa el alcohol.
5 ¿Qué te apetece decir?  6 ¿No le aburre la reunión?
7 Le encanta hacer la compra.

## 38 그를 잘 알지 못해요.
conocer와 saber 동사

### 포인트 콕!

- 지금까지 은근히 자주 등장했던 conocer 동사와 saber 동사, 낯설지 않으시죠? 두 동사는 '알다'라는 뜻을 가지고 있는데요, 그 쓰임에 차이가 있답니다! 즉, conocer는 경험적으로, saber는 지식적 혹은 정보적으로 알고 있는 것을 말을 할 때 사용해요. 특히 '사람'과 '장소'를 안다라고 할 경우에는, conocer 동사를 사용해야 한다는 사실을 기억해 주세요! 그럼 두 동사의 활용을 자세히 알아보도록 해요.

### 패턴 콕!

**No sé la verdad.**
노 셀 라 베르닫

저는 사실을 몰라요.

> 단어 · **saber** 동 알다  · **verdad** 명 사실

**No lo conozco bien.**
놀 로 꼬노스꼬 비엔

그를 잘 몰라요.

> 단어 · **lo** 대 그를, 그것을  · **conocer** 동 알다

**¿Sabes tocar la guitarra?**
사베스 또까르 라 기따르라

기타 칠 줄 아니?

> 단어 · **saber** 동 알다  · **tocar** 동 치다, 만지다  · **guitarra** 명 기타

### 문법 더하기!

conocer 동사 Vs. saber 동사

| conocer – (경험적으로) 알다 | saber – (지식적, 정보적으로) 알다 |
|---|---|
| **conozco** (1인칭 단수만 불규칙) | **sé** (1인칭 단수만 불규칙) |
| ¿Conoces Corea del Sur? | ¿Sabes dónde está Corea del Sur? |
| 한국을 경험해봐서 아니? | 한국이 어디에 있는지 아니? |
| → 한국을 가봐서 아니? → 한국 가봤니? | → 가보진 않았어도 지식적으로 아니? |
| **사람, 장소**를 안다고 할 때 사용 | **사실, 방법**을 안다고 할 때 사용 |
| ¿Conoces a Silvia? 실비아를 아니? | ¿Sabes cocinar? 요리할 줄 아니? |

## ¿Cómo la conoces?
꼬모　라　　꼬노세스

너 어떻게 그녀를 아니?

**단어** • la 대 그녀를, 그것을　• conocer 동 (경험적) 알다

## ¿Sabes qué hace ella?
사베스　　께　아쎄　에야

그녀가 무슨 일을 하는지 아니?

**단어** • saber 동 (정보적, 지식적) 알다　• hacer 동 하다

## ¿Conoce algún restaurante famoso?
꼬노쎄　　알군　　르레스따우랑떼　　파모소

어떤 유명한 레스토랑 알고 계세요?

**단어** • alguno 부 어떤 명　• restaurante 명 레스토랑, 식당　• famoso 형 유명한

## ¿Sabe dónde está el restaurante?
사베스　　돈데　에스따　엘　　르레스따우랑떼

그 레스토랑이 어디에 있는지 아세요?

**단어** • estar 동 ~이다, 있다

## Conocemos bien al actor.
꼬노쎄모스　　비엔　알　악또르

우리는 그 배우를 잘 안다.

**단어** • actor 동 배우

## Saben el nombre del actor.
사벤　엘　　놈브레　델　악또르

그들은 그 배우의 이름을 알고 있다.

**단어** • nombre 명 이름

암기한 바를 쓰고 소리내어 읽어보아요.

**1** 그를 잘 알지 못해요.

_____

**2** 한국 가봤니?

_____

**3** 너 어떻게 그녀를 아니?

_____

**4** 그녀가 무슨 일을 하는지 아니?

_____

**5** 어떤 유명한 레스토랑 알고 계세요?

_____

**6** 그 레스토랑이 어디에 있는지 아세요?

_____

**7** 우리는 그 배우를 잘 안다.

_____

---

정답

1 No lo conozco bien.     2 ¿Conoces Corea del Sur?

3 ¿Cómo la conoces?     4 ¿Sabes qué hace ella?

5 ¿Conoce algún restaurante famoso?     6 ¿Sabe dónde está el restaurante?

7 Conocemos bien al actor.

제시된 어휘를 참고하여 실력을 쌓아요.

**1** Diego가 좋은 장소를 알고 있다.

· sitio 장소

---

**2** 나 스페인에 많이 가봤어.

· españa 스페인

---

**3** 너희 내 친구 Melisa를 아니?

· amigo 친구

---

**4** 나 운전할 줄 몰라.

· conducir 운전하다

---

**5** 스페인어 하실 줄 아세요?

· español 스페인어

---

**6** 우리는 남미에 안 가봤어.

· sudamérica 남미

---

**7** 그녀는 내가 왜 행복한지 알고 있다.

· estar feliz 행복하다

---

1 Diego conoce un buen sitio.  2 Conozco muy bien España.

3 ¿Conocéis a mi amiga Melisa?  4 No sé conducir.

5 ¿Sabe hablar español?  6 No conocemos Sudamérica.

7 Ella sabe por qué estoy feliz.

초대하기

Lila

Dino, te invito a mi fiesta de cumpleaños.
디노, 떼 인비또 아 미 피에스따 데 꿈쁠레아뇨스.

¿Puedes venir?
뿌에데스 베니르?

디노, 너를 내 생일 파티에 초대해. 올 수 있니?

Por supuesto. ¿Cuándo es la fiesta?
뽀르 수뿌에스또. 꽌도 에스 라 피에스따?

물론이지. 파티가 언제니?

Dino

Lila

Este viernes a las 9 de la noche en mi casa.
에스떼 비에르네스 알 라스 누에베 데 라 노체 엔 미 까사

이번 금요일 저녁 9시에 우리 집에서 해.

¿Puedes enviarme la dirección por mensaje?
뿌에데스 엔비아르메 라 디렉씨온 뽀르 멘사헤?

문자 메시지로 주소를 보내주겠니?

Dino

## • 초대하기

### Te invito a mi fiesta de cumpleaños.
떼 인비또 아 미 피에스따 데 꿈쁠레아뇨스

너를 내 생일 파티에 초대해.

### Hoy te invito la cena.
오이 떼 인비또 라 쎄나

오늘 저녁은 내가 살게.

### Hay una fiesta este fin de semana. ¿Quieres ir conmigo?
아이 우나 피에스따 에스떼 핀 데 세마나. 끼에레스 이르 꼰미고?

이번 주말에 파티가 있어. 나랑 같이 갈래?

### Puede participar en la fiesta, ¿Sí?
뿌에데 빠르띠시빠르 엔 라 피에스따, 씨?

파티에 참여하실 수 있죠, 그렇죠?

## • 초대 승낙과 거절

### ¿Puedes enviarme la dirección por mensaje?
뿌에데스 엔비아르메 라 디렉씨온 뽀르 멘사헤?

문자 메시지로 주소를 보내주겠니?

### Claro. ¿Cuándo y adónde tengo que ir?
끌라로. 꽌도 이 아돈데 뗑고 께 이르?

당연하죠. 언제 그리고 어디로 가야 하나요?

### Lo siento. Tengo otra cita previa ese día.
로 씨엔또. 뗑고 오뜨라 씨따 쁘레비아 에세 디아

죄송해요. 그날 다른 선약이 있어요.

### Me apetece mucho ir pero no puedo. Tengo las circunstancias personales.
메 아뻬떼세 무초 이르 뻬로 노 뿌에도. 뗑고 라스 씨르꾼스딴시아스 뻬르소날레스

정말 가고 싶은데 그럴 수 없어요. 개인 사정이 있어요.

# 제 생각은 그렇지 않아요.

긍정과 부정 & 동의와 비동의

## 포인트 콕!

• 스페인어로 의견을 전해보도록 할게요. 상대방의 말에 긍정 혹은 부정을 하거나 동의 혹은 비동의를 하는 아주 유용한 표현들을 공부해 보도록 하겠습니다. 집중해서 후딱 배우고 당장 활용해보기로 해요~!

## 패턴 꽉!

● **Yo no pienso así.**
　요　노　　삐엔소　아시

　　　　　　　　　제 생각은 그렇지 않아요. (저는 그렇게 생각하지 않아요)

　　단어 • pensar 동 생각하다　　• así 부 그렇게

● **Me parece que no.**
　메　　빠레쎄　　께　노

　　　　　　　　　　　　그런 것 같지 않아요.

　　단어 • me 대 나에게, 나를　　• parecer 동 ~처럼 보이다　　• que 관 ~이하가 (영어의 that)

● **Estoy de acuerdo contigo.**
　에스또이 데　아꾸에르도　　꼰띠고

　　　　　　　　　　　너의 말에 동의해.

　　단어 • estar de acuerdo con 숙 ~와/에 동의하다

## 어휘 더하기!

긍정과 부정 & 동의와 비동의 **표현**

잘 알아두시면 아주 유용한 표현들입니다. 암기 꼭 해주세요~!

| | |
|---|---|
| Exactamente así. 정확하게 그렇습니다. | No es así. 그렇지 않아요. |
| ¡Qué sí! 그렇고 말고요! | ¡Qué no! 그럴 리가요! |
| ¡Claro que sí! 당연히 그렇죠! | ¡Claro que no! 당연히 그렇지 않죠! |
| Me parece sí. 그런 것 같아요. | Me parece no. 그런 것 같지 않아요. |
| Estar de acuerdo con ~와/에 동의하다. | No estar de acuerdo con ~와/에 동의하지 않다. |
| Estar a favor. 호의적인 입장이다. | Estar en contra. 반대의 입장이다. |
| Pensar en positivo. 긍정적이다. | Pensar en negativo. 부정적이다. |

## ¿Quieres ir al cine conmigo? – ¡Claro que sí!
끼에레스 이르 알　씨네　　　꼰미고　　　글라로　께 씨

나랑 같이 영화 보러 갈래? – 당연히 가야지!

단어 • querer 동 원하다　• ir 동 가다　• cine 명 영화관　• conmigo 부 나와 함께

## ¿Nunca fumas? – ¡Que no!
눈까　　푸마스　　께　노

담배 전혀 안 피니? – 아니고말고!

단어 • nunca 부 전혀, 절대　• fumar 동 흡연하다

## ¿Qué opinas de eso? – Estoy a favor.
께　오삐나스　데 에소　　에스또이 아　파보르

그것에 대해 어떻게 생각하니? – 호의적이야.

단어 • opinar 동 의견을 가지다 (표현하다)　• favor 명 호의

## ¿Qué le parece? – No estoy de acuerdo con usted.
께 레　　빠레세　　노 에스또이 데　아꾸에르도　꼰 우스뗃

어떻게 생각하세요? – 저는 당신에게 동의하지 않습니다.

단어 • parecer 동 ~처럼 보이다　• acuerdo 명 동의

## ¿Qué creen uds.? – Estamos en contra.
께　끄레엔 우스떼데스　　에스따모스　엔　　꼰뜨라

어떻게들 생각하세요? – 저희는 반대의 입장입니다.

단어 • creer 동 생각하다　• contra 명 반대, 대항

## ¿Qué piensas de mí? – Pienso en positivo.
께　삐엔사스 데 미　　삐엔소 엔　　뽀시띠보

너 나에 대해 어떻게 생각하니? – 긍정적으로 생각해.

단어 • pensar 동 생각하다　• en positivo 부 긍정적으로

**1** 제 생각은 그렇지 않아요.

_____

**2** 너의 말에 동의해.

_____

**3** 나랑 같이 영화 보러 갈래? – 당연히 가야지!

_____

**4** 그것에 대해 어떻게 생각하니? – 호의적이야.

_____

**5** 어떻게 생각하세요? – 저는 당신에게 동의하지 않습니다.

_____

**6** 어떻게들 생각하세요? – 저희는 반대의 입장입니다.

_____

**7** 너 나에 대해 어떻게 생각하니? – 긍정적으로 생각해.

_____

제시된 어휘를 참고하여 실력을 쌓아요.

**1** 너 그에 대해 어떻게 생각하니? – 아무 생각 없어.

* no tener ni idea 아무 생각 없다

**2** 그 결과에 만족하시나요? – 저는 반대의 입장입니다.

* estar contento con ~에 만족하다  * resultado 결과  * contra 반대

**3** 이 방식이 맞나요? – 정확하게 그렇습니다.

* correcto 정확한, 맞는  * manera 방식, 방법

**4** 그 둘이 사이가 안 좋아 보이더라. – 난 좋아 보이던데.

* tener buena relación 사이가 좋다  * parecer ~처럼 보이다

**5** 그 의견에 동의하시나요?

* opinión 의견

**6** 너희 그 소식에 대해 어떻게 생각하니? – 우리는 부정적이다.

* noticia 소식  * negativamente 부정적으로

**7** 그들은 **Miguel**의 말에 대해 호의적이다.

* palabra 말  * estar a favor 호의적이다

---

정답

① ¿Qué piensas de él? – No tengo ni idea.  ② ¿Está contento con el resultado? – Estoy en contra.

③ ¿Esta manera es correcta? – Totalmente correcta.

④ Me parece que los dos no tienen buena relación. – Me parece que sí.  ⑤ ¿Está de acuerdo con esa opinión?

⑥ ¿Qué pensáis de la noticia? – Pensamos negativamente.  ⑦ Están a favor de las palabras de Miguel.

# 스페인어권 세계 속으로!

여러분들께서는 '스페인' 혹은 '중남미'하면 떠오르는 인물이 있으신가요~? 스페인어권을 대표하는 유명인사들을 알면 스페인어로 나누게 될 대화가 더욱 풍성해질 거예요. 각 분야를 대표하는 스페인어권 유명인사들을 알아보도록 하겠습니다! 각국에서뿐만 아니라 세계적으로 유명한 스페인어권 인사들을 소개해 드리겠습니다. 우리에겐 영어식 이름으로 익숙할 수도 있는 각 유명인사의 이름을 스페인어로 기억해 보아요. 조금의 검색만 시도해도 소개해 드린 인물들의 다양한 정보들을 아실 수 있게 되실 겁니다.

## 스페인 영화계 유명인사

Penélope Cruz
베넬로뻬 크루스

스페인 대표 여배우

Javier Bardem
하비에르 바르뎀

스페인 대표 남배우

Pedro Almodóvar
뻬드로 알모도바르

세계적인 스페인 영화감독

## 중남미 영화계 유명인사

Gael García Bernal
가엘 가르시아 베르날

멕시코 대표 남배우

Sofia Vergara
소피아 베르가라

아르헨티나 대표 여배우

Alejandro González Iñárritu
알레한드로 곤쌀레쓰 이냐리뚜

멕시코 영화감독, 시나리오 작가

# 06 스페인어권 대표 유명인사들

## 스페인어권 유명 가수

### Shakira
샤끼라

콜롬비아 여가수

### Ricky Martin
릭끼 마르띤

뿌에리또리꼬 남가수

### Enrique Iglesia
엔ㄹ리께 이글레시아

스페인

## 스페인어권 스포츠 유명인사

### Diego Maradona
디에고 마라도나

아르헨티나 축구 선수, 감독

### Lional Messi
리오넬 메씨

아르헨티나 축구 선수

### Rafa Nadal
ㄹ라파 나달

스페인 테니스 선수

## 예술계 유명인사

### Miguel de Cervantes
미겔 데 세르반떼스

세계적인 스페인 작가

### Picasso
삐까쏘

세계적인 스페인 화가

### Fernando Botero
페르난도 보떼로

세계적인 콜롬비아 화가

# 05장

## 다섯 마디로 끝내주게 말해요!

# 당신은 정말 최고로 멋진 사람이에요!

비교급 & 최상급 & 절대최상급

👉 **포인트 콕!**

- 스페인어 비교급과 최상급 그리고 절대최상급을 배워보겠습니다. 먼저 스페인어의 비교급은 우등 비교 más … que ~ (~보다 더 ~하다), 열등 비교 menos … que ~ (~보다 덜 …하다), 동등 비교 tan(to) … como ~ (~만큼 …하다)가 있답니다. 그리고 최상급은 비교급에 정관사를 넣으면 간단하게 사용하실 수 있어요. 마지막으로 절대최상급은 영어의 –est 형태가 스페인어로는 –ísimo의 형태로 성·수 변화를 한다라는 것을 기억해주시면 된답니다.

👆 **패턴 꽉!**

● **Ignacio es más alto que Juan.**
   이그나시오 에스 마스 알또 께 후안

   이그나시오는 후안보다 키가 크다.

   ● **alto** 형 키가 큰 ● **más… que~** 비 ~보다 더 …하다

● **Juan es menos alto que Ignacio.**
   후안 에스 메노스 알또 께 이그나시오

   후안은 이그나시오보다 덜 크다.

   ● **menos… que~** 비 ~보다 덜 …하다

● **Ignacio es tan alto como Javier.**
   이그나시오 에스 딴 알또 꼬모 하비에르

   이그나시오는 하비에르만큼 키가 크다.

✋ **문법 더하기!**

비교급 & 최상급 & 절대최상급

| 비교급 | | 최상급 | |
|---|---|---|---|
| 우등 비교급 | más … que ~ | 우등 최상급 | 정관사 (el,los,la,las) + más/menos + de … |
| 열등 비교급 | menos … que ~ | 열등 최상급 | |
| 동등 비교급 | tan(to)* … como ~ | 절대 최상급 | -ísimo/a/os/as |

| 불규칙 비교급 | más bueno(x) | más malo(x) | más grande(x) | más pequeño(x) |
|---|---|---|---|---|
| | mejor(o) | peor(o) | mayor(o) | menor(o) |
| | 더 좋은, 더 나은 | 더 나쁜, 더 안 좋은 | 나이가 더 많은 | 나이가 더 적은 |

\* tan + 형용사/부사, tanto/a/os/as + 명사

# El avión es más rápido que la bicicleta.
엘 　아비온 에스 　마스 　 르라삐도 　 께 라 　 비씨끌레따

비행기가 자전거보다 더 빠르다.

**단어** ・avión 동 비행기 ・rápido 형 빠른 ・bicicleta 명 자전거

# Madrid es más grande que Salamanca.
마드리드 에스 　마스 　그란데 　 께 　 살라망까

마드리드는 살라망카보다 더 크다.

**단어** ・grande 형 큰

# Lucas es mayor que Diego.
루까스 에스 　마요르 　 께 　디에고

루까스는 디에고보다 나이가 많다.

**단어** ・mayor 형 나이가 많은

# La película es tan interesante como la novela.
라 　빼리꿀라 에스 　딴 　인떼레산떼 　꼬모 라 　노벨라

그 영화는 소설만큼이나 흥미롭다.

**단어** ・película 명 영화 ・interesante 형 흥미로운 ・novela 명 소설

# En clase hay tantas alumnas como alumnos.
엔 　끌라세 아이 　딴따스 　 알룸나스 　꼬모 　 알룸노스

교실에 남학생만큼이나 여학생들이 있다.

**단어** ・clase 명 교실, 수업 ・alumno 명 학생

# Estas bolsas son carísimas.
에스따스 　 볼사스 　손 　 까리시마스

이 가방들은 가장/정말 비싸다.

**단어** ・bolsa 명 가방, 핸드백 ・caro 형 비싼

암기한 바를 쓰고 소리내어 읽어보아요.

**1** 이그나시오는 후안보다 키가 크다.

_____

**2** 루까스는 디에고보다 나이가 많다.

_____

**3** 이 가방들은 가장/정말 비싸다.

_____

**4** 비행기가 자전거보다 더 빠르다.

_____

**5** 그 영화는 소설만큼이나 흥미롭다.

_____

**6** 교실에 남학생만큼이나 여학생들이 있다.

_____

**7** 후안은 이그나시오보다 덜 크다.

_____

정답

1 Ignacio es más alto que Juan.  2 Lucas es mayor que Diego.
3 Estas bolsas son carísimas.  4 El avión es más rápido que la bicicleta.
5 La película es tan interesante como la novela.  6 En clase hay tantas alumnas como alumnos.
7 Juan es menos alto que Ignacio.

제시된 어휘를 참고하여 실력을 쌓아요.

**1** Sara가 우리 중에서 가장 나이가 많다.

• mayor 나이가 많은

---

**2** 누가 그 모임에서 가장 어리니?

• menor 나이가 어린

---

**3** 나는 호세보다 패션 잡지를 더 많이 본다.

• ver 보다 • revista 잡지 • moda 패션

---

**4** 내 부인이 세상에서 가장 예쁘다.

• esposa 부인 • bonito 예쁜 • mundo 세상

---

**5** 나는 지금 완전 만족하고 있다.

• contento 만족한

---

**6** 그 노인분의 성격은 저 사람보다 더 안 좋다.

• anciano 노인 • carácter 성격

---

**7** 잠자는 것이 먹는 것보다 더 좋다.

• dormir 자다 • comer 먹다

---

**정답**

1 Sara es la mayor entre nosotros.　　2 ¿Quién es el menor en la reunión?

3 Veo más revistas de moda que José.　　4 Mi esposa es la más bonita del mundo.

5 Estoy contentísimo ahora.　　6 El carácter de ese anciano es peor que el de aquél.

7 Dormir es mejor que comer.

약속 잡기

Dino

Lila, ¿tienes cita este sábado?

릴라,　띠에네스　씨따 에스떼　사바도?

릴라, 이번 토요일에 약속 있니?

Tengo plan por la mañana. Pero por la tarde, no tengo nada.

뗑고　쁠란 뽀르 라　마냐나. 뻬로 뽀르 라 따르데, 노　뗑고　나다

오전에는 계획이 있는데 오후에는 없어.

Lila

Dino

Entonces, nos vemos este sábado a las 6.

엔똔세스,　노스　베모스 에스떼　사바도 알 라스 세이스

그러면, 토요일 여섯시에 보자.

Vale. Quedamos en la plaza mayor.

발레.　게다모스 엔 라　쁠라싸　마요르

오케이. 마요르 광장에서 만나자.

Lila

- **약속 잡기**

Nos vemos mañana a las 7 en la plaza mayor.

노스    베모스    마냐나 알 라스 시에떼 엔 라    쁠라싸    마요르
내일 7시에 마요르 광장에서 만나자.

Quedamos enfrente de tu casa a las 9 de la mañana.

께다모스    엔프렌떼 데 뚜    까사 알 라스 누에베 델 라    마냐나
너희 집 앞에서 오전 9시에 만나자.

Hasta el miércoles a las 5 de la tarde, ¿vale?

아스따 엘    미에르꼴레스 알 라스 씽꼬 델 라    따르데,    발레?
수요일 오후 5시에 보자, 알겠지?

Nos vemos a las 8 de la noche. ¿Está bien?

노스    베모스 알 라스 오초 델 라    노체.    에스따 비엔?
저녁 8시에 보고 싶은데, 괜찮니?

¿Qué te parece si quedamos a las 6 ?

께 데    빠레쎄 시    께다모스 알 라스 세이스?
여섯시에 만나는 거 어때?

# 당신을 본지 정말 너무 오래됐어요.

hace... que~ 용법

## 👉 포인트 콕!

• 악센트가 들어간 **qué**는 의문사로서 '무엇'이라는 의미를 가지지만 악센트가 빠진 **que**는 비교급과 함께 '~보다'라는 의미로 사용이 되기도 하고 무엇보다 영어의 **that**절의 역할을 담당합니다. 즉, 두 문장을 이어주는 역할을 하는 것이 바로 관계사 **que**인 것이지요. 그래서 이번엔 'hace … que ~' 표현을 배워 보겠습니다. hace가 hacer 동사와 닮아 보이지만 의미는 '~전에'라는 뜻이에요. 따라서 'hace … que ~'는 '~한 지 …가 됐다'라는 표현이랍니다!

## 👆 패턴 꽉!

● **Hace mucho tiempo que no te veo.**
아쎄　　무초　　띠엠뽀　　께　노　떼　베오

　　　　　　　　　　　　　　　　　너를 안 본 지 오래 됐다.

> 🔊 • **tiempo** 명 시간, 날씨　　• **ver** 동 보다

● **¿Cuánto tiempo hace que estudias inglés?**
꽌또　띠엠뽀　아쎄　께　에스뚜디아스　잉글레스

　　　　　　　　　　　　　　　영어를 공부한 지 얼마나 됐니?

> 🔊 • **estudiar** 동 공부하다　　• **inglés** 명 영어, 영국의, 영국인

● **Hace un mes que estudio español.**
아쎄　운　메스　께　에스뚜디오　에스빠뇰

　　　　　　　　　　　　　　스페인어를 공부한 지 한 달이 됐다.

> 🔊 • **mes** 명 달　　• **español** 명 스페인어, 스페인의, 스페인인

## 👆 문법 더하기!

hace ('~전에')의 활용

　　hace는 반드시 que와 함께하는 것은 아니에요. 날씨를 표현할 때도 hace를 사용한다는 것 기억하고 계시죠? hace의 다양한 활용을 예시를 통해 확인하세요!

**Hace mucho tiempo sin verte.**　　　　　　　　　너를 본 지 오래 됐다.
> 🔊 • **sin** ~없이　　• **ver** 보다　　• **te** 너를

**Desde hace un año tengo interés en el español.** 일 년 전부터 스페인어에 관심을 가지고 있다.
> 🔊 • **desde hace** ~ ~전부터 (...해오고 있다)

**Hace mucho sol hoy.**　　　　　　　　　　오늘 날씨가 정말 맑다.
> 🔊 • **hace** + 명사 날씨 표현

**Hace falta aprender el español.**　　　　스페인어를 공부하는 것은 필요하다.
> 🔊 • **hace falta** ~할 필요가 있다, ~가 부족하다

**Hace un rato me lo ocurre.**　　　　　　방금 전에 그것이 떠올랐어.
> 🔊 • **hace un rato/ poco** 조금 전에, 방금 전에　　• **ocurrirse** 일어나다, 발생하다, 떠오르다

## Hace dos semanas que estoy resfriado.
아쎄 　도스　　　세마나스　　께　에스또이　르레스프리아도

감기 걸린 지 2주가 됐다.

🎸 • semana 명 주　　• resfriado 형명 감기에 걸린, 감기

## Desde hace tres meses cocino yo todos los fines de semana.
데스데　아쎄　뜨레스　메세스　꼬씨노　요　또도스　로스　피네스 데　세마나

3달 전부터 주말마다 내가 요리를 한다.

🎸 • desde hace 부 ~전부터 (…하고 있다)　• cocinar 동 요리하다　• todo 형명 모든, 모든 것
• fin de semana 명 주말

## ¿Desde cuándo haces dieta? – Desde hace medio año.
데스데　　꽌도　아쎄스　디에따　　데스데　아쎄　메디오　아뇨

언제부터 다이어트를 하고 있니? – 반년 됐어.

🎸 • desde 부 ~부터　• dieta 명 다이어트　• medio 형명 절반의, 절반

## Hace una hora que la espero.
아쎄　우나　오라　께 라　에스뻬로

그녀를 기다린 지 한 시간이 됐다.

🎸 • hora 명 시간　• la 대 그녀를　• esperar 동 기다리다

## Hace bastante tiempo que ahorro dinero.
아쎄　　바스딴떼　띠엠뽀　께　아오르로　디네로

돈을 절약한 지 (시간이) 꽤 됐다.

🎸 • ahorrar 동 절약하다　• dinero 명 돈

## ¿Cuánto tiempo hace que vive aquí?
꽌또　　띠엠뽀　아쎄　께　비베　아끼

여기 산 지 얼마나 되셨어요?

🎸 • tiempo 명 시간, 날씨　• vivir 동 살다　• aquí 부 여기, 여기서

암기한 바를 쓰고 소리내어 읽어보아요.

**1** 당신을 본지 정말 오래됐어요.

_____

**2** 스페인어를 공부한 지 한 달이 됐다.

_____

**3** 일 년 전부터 스페인어에 관심을 가지고 있다.

_____

**4** 스페인어를 공부하는 것은 필요하다.

_____

**5** 감기 걸린 지 2주가 됐다.

_____

**6** 3달 전부터 주말마다 내가 요리를 한다.

_____

**7** 돈을 절약한 지 (시간이) 꽤 됐다.

_____

_____

정답

1 Hace mucho tiempo que no le veo.　　　2 Hace un mes que estudio español.

3 Desde hace un año tengo interés en el español.　　4 Hace falta aprender el español.

5 Hace dos semanas que estoy resfriado.　　6 Desde hace tres meses cocino yo todos los fines de semana.

7 Hace bastante tiempo que ahorro dinero.

**1** 일주일 전부터 날씨가 좋다.

• desde hace ~전부터 • tiempo 날씨, 시간

---

**2** 영어를 말하지 않은 지 오래됐다.

• hace mucho tiempo que ~한 지 오래되다

---

**3** 언제부터 기다리고 있니? – 몇 분 전부터.

• esperar 기다리다 • minuto 분

---

**4** 제시간에 도착할 필요가 있다.

• hacer falta ~할 필요가 있다 • a tiempo 제시간에

---

**5** 너를 사랑한 지 꽤 오랜 시간이 됐다.

• bastante 꽤 • querer 원하다, 사랑하다

---

**6** 언제부터 이렇게 추운 거니? – 방금 전부터.

• frío 추위

---

**7** 돈보다 사랑이 더 필요해요.

• dinero 돈 • amor 사랑

---

**정답**

1 Desde hace una semana hace buen tiempo.    2 Hace mucho tiempo que no hablo inglés.
3 ¿Desde cuándo estás esperando? – Desde hace unos minutos.    4 Hace falta llegar a tiempo.
5 Hace bastante tiempo que te quiero.    6 ¿Desde cuándo hace frío? – Desde hace un rato.
7 Hace falta más amor que dinero.

# 당신이 웃는 모습을 봐서 좋아요.

주요 관계사

🖐 **포인트 콕!**

- qué뿐만 아니라 다른 의문사들도 악센트를 뺀 채로 사용하게 되면 두 문장을 이어주는 관계사의 역할을 지니게 됩니다. 육하원칙 의문사들 잘 기억하고 계신가요? 이제는 관계사로써도 사용해 보도록 해요!

🖐 **패턴 꽉!**

- ## Me gusta cuando ríes.
  메   구스따   꽌도 르리에스

  네가 웃을 때가 나는 좋아.

  단어 · **cuando** 🔖 ~할 때   · **gustar** 🔖 좋아하다   · **reír** 🔖 웃다

- ## Es él quien lo intenta.
  에스 엘   끼엔 로   인뗀따

  그것을 의도한 사람은 그이다.

  단어 · **quien** 때 ~한(하는) 사람   · **intentar** 🔖 의도하다

- ## El banco está donde la fuente.
  엘   방꼬 에스따   돈데 라   푸엔떼

  벤치는 분수가 있는 곳에 있다.

  단어 · **banco** 명 은행, 벤치   · **donde** 🔖 ~하는 곳   · **fuente** 명 분수

🖐 **문법 더하기!**

주요 관계사 익히기

| 관계사 | 선행사 | 남성 단수 | 여성 단수 | 남성 복수 | 여성 복수 | 해석 |
|---|---|---|---|---|---|---|
| 관계 대명사 | 사람 /사물 | (el) que | (la) que | (los) que | (las) que | lo que ~하는 사실 ~하는 (사람, 물건) |
| | | el cual | la cual | los cuales | las cuales | |
| | 사람 | quien | | quienes | | ~하는 사람/들 |
| 관계 대명 사/형용사 | 소유* | cuyo | cuya | cuyos | cuyas | ~의 것/사람(의) |
| | 양 | cuanto | cuanta | cuantos | cuantas | ~ (하는) 만큼(의) |
| 관계 부사 | 장소 | donde | | | | ~하는 장소 |
| | 때 | cuando | | | | ~하는 때 |
| | 방법 | como | | | | ~하는 방법 |

뒤에 오는 명사에 성·수 일치. 예 La chica cuyo hermano es maestro va al bar.

El restaurante que me recomiendas es famoso.
엘　르레스따우랑떼　께　메　　　르레꼬미엔다스 에스　　파모소

네가 내게 추천하는 그 레스토랑 유명하더라.

• recomendar 동 추천하다　• famoso 형 유명한


Soy yo quien paga hoy.
소이　요　　끼엔　빠가　오이

오늘은 내가 한턱낼게.

• pagar 동 지불하다, 계산하다


Cuando estás libre, vamos a ir al cine.
꽌도　에스따스　리브레　　바모스 아 이르 알　씨네

네가 여유가(시간이) 있을 때, 영화 보러 가자.

• estar libre 숙 시간이 있다, 여유가 있다


Los que estudian el español son sabios.
로스　께　　에스뚜디안　엘　　에스빠뇰　손　사비오스

스페인어를 공부하는 사람들은 지혜롭다.

• estudiar 동 공부하다　• sabio 형 지혜로운


Estoy acuerdo con lo que dice Víctor.
에스또이　　아꾸에르도　꼰 로　께　디쎄　빅또르

나는 빅토르가 하는 말에 동의한다.

• estar acuerdo con 숙 ～에 동의하다　• decir 동 말하다


¿Por qué no lo haces como te digo?
뽀르　께　놀 로　아쎄스　꼬모 떼　디고

왜 그것을 내가 네게 말한 대로 하지 않는 거니?

• hacer 동 하다, 만들다, ～하게 하다　• decir 동 말하다

• 257

암기한 바를 쓰고 소리내어 읽어보아요.

**1** 네가 웃을 때가 나는 좋아.

_____

**2** 오늘은 내가 한턱낼게.

_____

**3** 네가 여유가(시간이) 있을 때, 영화 보러 가자.

_____

**4** 네가 내게 추천하는 그 레스토랑 유명하더라.

_____

**5** 스페인어를 공부하는 사람들은 지혜롭다.

_____

**6** 왜 그것을 내가 네가 말한대로 하지 않는 거니?

_____

**7** 나는 빅토르가 하는 말에 동의한다.

_____

_____

---

**정답**

1 Me gusta cuando ríes.     2 Soy yo quien paga hoy.

3 Cuando estás libre, vamos a ir al cine.     4 El restaurante que me recomiendas es famoso.

5 Los que estudian el español son sabios.     6 ¿Por qué no lo haces como te digo?

7 Estoy acuerdo con lo que dice Víctor.

제시된 어휘를 참고하여 실력을 쌓아요.

**1** 우리가 먹고 있는 빠에야 정말 맛있다.

· riquísimo 정말 맛있는

---

**2** 지금 노래하고 있는 여자는 내 이모이다.

· cantar 노래하다 · tía 이모

---

**3** Cecilia가 주인인 그 장갑은 테이블 위에 있다.

· guante 장갑 · dueña 주인 · mesa 테이블

---

**4** 되도록 빨리 알려드릴게요.

· cuanto antes 되도록 빨리 · avisar 알려주다

---

**5** 찾는 자는 발견한다.

· buscar 찾다 · encontrar 발견하다

---

**6** 내가 사는 도시는 친환경적이다.

· ecológico 친환경적인

---

**7** 부유한 부모님의 그 아들은 변호사이다.

· rico 부유한 · abogado 변호사

---

**정답**

1 La paella que estamos comiendo está riquísima.　2 La que canta ahora es mi tía.

3 Los guantes cuya dueña es Cecilia están sobre la mesa.　4 Voy a avisárselo cuanto antes.

5 Quien busca, encuentra.　6 La ciudad donde vivo es ecológica.

7 El hijo cuyos padres son ricos es abogado.

마트 / 시장

**Lila**

Disculpe. ¿Dónde está la sección de fruta?

디스꿀뻬.　　돈데 에스따 라　섹씨온 데 푸르따?

실례합니다. 과일 코너는 어디에 있나요?

Una Empleada (직원)

Está al lado de la sección de verduras.

에스따 알　라도 델 라　섹씨온 데　베르두라스

야채 코너 옆에 있어요.

**Lila**

Gracias. ¿Y estos son las ofertas del día?

그라씨아스.　이 에스또스　손 라스　오페르따스　델 디아?

감사합니다. 그리고 이것들이 오늘의 특가 상품인가요?

Una Empleada (직원)

Exacto. Si compras uno, uno más gratis.

엑싹또.　씨　　꼼쁘라스 우노,　우노　마스　그라띠스

맞아요. 하나 사시면 하나 더는 공짜예요.

## • 마트 / 시장 섹션 알아보기

| alimentos 식료품 | | | |
|---|---|---|---|
| carnes | 육류 | lácteos | 유제품 |
| pescados | 어패류 | platos preparados | 즉석식품 |
| mariscos | 해산물 | congelados | 냉동식품 |
| verduras | 야채 | bebidas | 음료 |
| frutas | 과일 | panadería | 제빵 |
| dulces | 과자류 | pastelería | 제과 |

| hogar 가정용품 | | productos (de) 기타 용품들 | |
|---|---|---|---|
| utensilios de cocina | 주방용품 | higiene | 위생용품 |
| limpieza | 청소용품 | belleza | 미용용품 |
| artículos de baño | 욕실용품 | bebés | 아기용품 |
| electrodomésticos | 가전제품 | mascotas | 반려동물용품 |
| decoraciones | 인테리어 | papelería | 문구류 |

365마트

# 43 그럼에도 불구하고 당신을 많이 사랑해요.

주요 접속사

• 두 문장을 이어주는 역할을 하는 것이 관계사만 있는 것은 아니랍니다. 두 문장을 연결시켜주는 접속사 또한 있는데요, 이미 우리에게 익숙한 y(그리고), o(또는) 또한 접속사랍니다. 다양한 접속사를 활용하여 의미를 풍부하게 만들어 봅시다!

### 패턴 꽉!

● **Sin embargo te quiero.**
신 　엠바르고　떼　끼에로

그럼에도 불구하고 너를 사랑해.

> ☞ • sin embargo 〔접〕그럼에도 불구하고

● **Ella no solo es bonita sino también inteligente.**
에야　노　솔로 에스　보니따　시노　땀비엔　인뗄리헨떼

그녀는 예쁠 뿐만 아니라 똑똑하다.

> ☞ • no solo A sino también B 〔접〕A뿐만 아니라 B도

● **Aunque él no tiene dinero, es feliz.**
아운께 엘 노 띠에네　디네로 에스 펠리스

그는 비록 돈이 없을지라도 행복하다.

> ☞ • aunque 〔접〕비록 ~일지라도

주요 접속사

### 어휘 더하기!

| no A sino (que) B | A가 아니라 B이다 | siempre que | ~할 때마다 |
|---|---|---|---|
| por eso | | cada vez que | |
| así que | 그래서 | en cuanto | ~하자마자 |
| por lo tanto | | tan/tanto ... que ~ | 너무 ...해서 ~하다 |
| desde que | ~한 이래로 | demasiado ... para ~ | 너무 ...해서 ~할 수 없다 |
| hasta que | ~할 때까지 | por eso | 그래서 |
| ya que | 왜냐하면 | así que | |

## ¿Entonces puedo usarlo?
엔똔세스　뿌에도　우사르로

그러면 그거 써도 돼요?

· entonces 접 그러면　· poder 동 ~할 수 있다　· usar 동 사용하다

## Por lo tanto, no puedo asistir al mitin.
뽀르 로　딴또　노　뿌에도　아시스띠르 알　미띵

따라서, 그 모임에 참석할 수 없습니다.

· por lo tanto 접 따라서　· asistir 동 참석하다　· mitin 명 미팅

## Aunque la comida rápida es mala para la salud, está rica.
아운께 라　꼬미다　르라삐다 에스　말라　빠라 라　살룯 에스따 르리까

패스트푸드가 건강에 안 좋을지라도 맛있다.

· aunque 접 비록 ~일지라도　· comida rápida 명 패스트푸드　· malo 형 안 좋은
· salud 명 건강　· rico 형 맛있는, 부유한

## Como te digo, no quiero hacerlo.
꼬모　떼　디고　노　끼에로　아쎄르로

말하듯이 그것을 하고 싶지 않아.

· como 접 ~처럼, ~같이　· decir 동 말하다　· hacer 동 하다

## Porque me amas, te amo.
뽀르께　메　아마스 떼　아모

네가 날 사랑하기 때문에 너를 사랑한다.

· porque 접 왜냐하면, ~때문에　· amar 동 사랑하다

## El bebé llora en cuanto vuelvo a casa.
엘　베베　요라　엔　꽌또　부엘베 아 까사

내가 집에 오자마자 아기가 운다.

· bebé 명 아기　· llover 동 울다　· en cuanto 접 ~하자마자　· volver 동 돌아오다

**1** 그럼에도 불구하고 너를 사랑해.

_____

**2** 그녀는 예쁠 뿐만 아니라 똑똑하다.

_____

**3** 따라서, 그 모임에 참석할 수 없습니다.

_____

**4** 패스트푸드가 건강에 안 좋을지라도 맛있다.

_____

**5** 네가 날 사랑하기 때문에 너를 사랑한다.

_____

**6** 내가 집에 오자마자 아기가 운다.

_____

**7** 말하듯이 나는 그것을 하고 싶지 않아.

_____

---

정답

1 Sin embargo te quiero.    2 Ella no solo es bonita sino también inteligente.

3 Por lo tanto, no puedo asistir al mitin.    4 Aunque la comida rápida es mala para la salud, está rica.

5 Porque me amas, te amo.    6 El bebé llora en cuanto vuelvo a casa.

7 Como te digo, te digo hacerlo.

**1** Maite는 너무 친구가 많아서 집에 거의 있지 않는다.

• tan/tanto ... que ~ 너무 ...해서 ~하다

**2** 내가 네게 전화를 할 때마다 너는 응답하지 않는다.

• llamar 전화하다  • contestar 응답하다

**3** 그 신발은 너무 작아서 신을 수가 없다.

• demasiado ... para ~ 너무 ...해서 ~할 수 없다

**4** Javier는 내가 늦을 때마다 기다려 준다.

• siempre que ~할 때마다

**5** 해가 쨍쨍 나서 모자가 필요하다.

• así que/por eso 그래서

**6** 그녀는 채식주의자이기 때문에 고기를 먹지 않는다.

• como/porque 왜냐하면, ~때문에

**7** 그것은 Juan의 것도 아니고 Isabel의 것도 아니다.

• ni ~도 아닌

---

**정답**

1 Maite tiene tantos amigos que casi no está en casa.    2 Cada vez que te llamo, no me contestas.

3 Los zapatos son demasiado pequeños para ponermelos.    4 Javier me espera siempre que llego tarde.

5 Hace mucho sol así que/por eso necesito un sombrero.    6 Como/Porque es vegetariana, no come carne.

7 No es de Juan ni de Isabel.

# **ЧЧ** 이전에 상그리아 드셔본 적 있으세요?

현재 완료와 과거 분사

### 포인트 콕!

• 이제는 본격적으로 과거 표현을 배워보도록 할게요! 가까운 과거를 표현하는 'haber + p.p' 현재완료를 활용해보겠습니다. haber 동사는 'he-has-ha-hemos-habéis-han'로 인칭에 따라 변화하고 과거분사의 경우 -ar 동사는 -ado, -er/-ir 동사는 -ido로 변화합니다. 현재완료는 '오늘, 이번' 등 현재성을 띄는 어휘와 함께 가까운 과거에 '했다'라는 의미 또는 '해봤다'는 경험을 나타냅니다.

### 패턴 콕!

— **¿Has probado sangría antes?**
　　아스　　　쁘로바도　　　상그리아　　　안떼스

　　　　　　　　　　　　　　　　　이전에 상그리아 먹어봤니?

　　　**단어** • **probar** 통 시도하다　• **sangría** 명 상그리아　• **antes** 부 이전에, 전에

— **He comido manzana esta mañana.**
　　에　　　꼬미도　　　만싸나　　에스따　　　마냐나

　　　　　　　　　　　　　　　　　오늘 아침에 사과를 먹었다.

　　　**단어** • **mañana** 명 내일, 아침　• **manzana** 명 사과

— **Se han despedido anoche.**
　　세　　안　　　데스뻬디도　　　아노체

　　　　　　　　　　　　　　　　　그들은 어젯밤에 이별했다.

　　　**단어** • **despedirse** 통 이별하다, 헤어지다

### 문법 더하기!

과거 분사 (p.p)

　스페인어의 과거 분사는 형용사의 역할을 하기도 합니다. 형용사로써 사용이 될 경우에는 성·수 일치를 해줘야 하고 현재 완료의 용법으로 haber 동사와 함께 쓰일 때는 성·수 변화가 없답니다. 또한 과거 분사는 불규칙형도 있다는 것도 알아두세요.

**Ella ha hablado con él esta tarde.**
　에야　아　아블라도　　꼰　엘　에스따　따르데

그녀는 그와 오늘 오후에 얘기했다.

**¿Habéis pagado ya?**
　아베이스　　빠가도　야?

너네 이미 계산했니?

**Nosotras estamos cansadas.**
　노소뜨라스　　에스따모스　　깐사다스

우리는 피곤하다.

**Ellos están muy aburridos.**
　에요스　에스딴　무이　아부ㄹ리도스

그들은 아주 지루하다.

## Les he escrito una carta a mis padres.

레스 에 에스끄리또 우나 까르따 아 미스 빠드레스

나는 부모님에게 편지 한 통을 썼다.

• escribir 동 쓰다  • carta 명 편지  • padres 명 부모님

## Jorge ha abierto la puerta hace poco.

호르헤 아 아비에르또 라 뿌에르따 아쎄 뽀꼬

호르헤가 조금 전에 문을 열었다.

• abrir 동 열다  • puerta 명 문  • hace poco 부 조금 전에

## El cocinero ha freído las patatas.

엘 꼬씨네로 아 프레이도 라스 빠따따스

요리사가 감자를 튀겼다.

• cocinero 명 요리사  • freír 동 튀기다  • patata 명 감자

## Este mes hemos visto la película tres veces.

에스떼 메스 에모스 비스또 라 뻴리꿀라 뜨레스 베쎄스

이번 달에 우리는 그 영화를 세 번 봤다.

• mes 명 달  • ver 동 보다  • película 명 영화  • vez 명 번

## El ordenador portátil está roto.

엘 오르데나도르 뽀르따띨 에스따 르로또

노트북이 고장 난 상태다.

• ordenador 명 컴퓨터  • portátil 형 휴대용의  • roto 형 고장 난(romper '고장 나다, 부수다'의 p.p)

## El gato de Melisa ha muerto hoy.

엘 가또 데 멜리사 아 무에르또 오이

멜리사의 고양이가 오늘 죽었다.

• gato 명 고양이  • morir 동 죽다

암기한 바를 쓰고 소리내어 읽어보아요.

**1** 상그리아 먹어봤니?

_____

**2** 오늘 아침에 사과를 먹었다.

_____

**3** 호르헤가 조금 전에 문을 닫았다.

_____

**4** 나는 부모님에게 편지 한 통을 썼다.

_____

**5** 멜리사의 고양이가 오늘 죽었다.

_____

**6** 노트북이 고장 난 상태다.

_____

**7** 이번 달에 우리는 그 영화를 세 번 봤다.

_____

**1** 그는 그녀를 여신으로 묘사했다.

· describir 묘사하다  · diosa 여신

**2** 올해 그 에세이를 7번 읽었다.

· ensayo 에세이  · vez 번

**3** 나는 콜롬비아에 전혀 가본 적이 없다.

· estar 있다

**4** 우리는 스페인어로 쓰인 책 한 권을 가지고 있다.

· escribir 쓰다

**5** Silvia가 아직 역에 도착 안 했니?

· todavía 아직  · llegar 도착하다

**6** 그 아이들은 마드리드에서 산 적이 있다.

· vivir 살다

**7** 오늘까지 그녀는 그를 진심으로 믿었다.

· creer 믿다  · de todo corazón 진심으로

---

정답

1 Él la ha descrito a ella como una diosa.  2 Este año he leído el ensayo siete veces.

3 Nunca he estado en Colombia.  4 Tenemos un libro escrito en español.

5 ¿Todavía no ha llegado Silvia?  6 Los chicos han vivido en Madrid.

7 Hasta hoy lo ha creído de todo corazón.

병원 / 약국

### Un Médico (의사)

¿Qué le duele?
껠 레   두엘레?
어디가 아프신가요?

Me duele el estómago.
메   두엘레 엘   에스또마고
배가 아파요.

Dino

### Un Médico (의사)

¿Tiene otro síntoma?
띠에네   오뜨로   신또마?
다른 증상도 있으신가요?

Tengo mareos también.
뗑고   마레오스   땀비엔
어지럼증도 있어요.

Dino

## • 증상과 약 종류

| tener + 증상 : 증상이 있다. | | medicina 약 (= medicamento) (para/contra) | |
|---|---|---|---|
| dolor de dientes | 치통 | alergia | 알레르기 |
| diarrea | 설사 | pastilla / tableta | 알약 |
| gripe | 감기 | jarabe | 시럽 |
| escalofrío | 오한 | pomada | 연고 |
| tos | 기침 | crema | 크림 |
| vértigo | 현기증 | aspirina | 아스피린 |
| mareo | 멀미, 어지러움 | antibiótico | 항생제 |
| indigestión | 소화 불량 | analgésico | 진통제 |
| mal de altura | 고산병 | digestivo | 소화제 |

# 45 지난 주말은 무엇을 하며 보냈니?

단순 과거

### ☞ 포인트 콕!

- 가까운 과거를 표현하는 현재완료를 배웠으니 일반 과거 동사를 배워보겠습니다. 단순 과거 동사는 말 그대로 단순하게 과거의 일을 표현하는 동사랍니다. 말하는 사람이 느끼기에 사건이나 행위가 아직 명확히 끝나지 않고 현재와 관련이 있게 느껴진다면 현재완료를 사용할 수 있고 정확한 과거의 시점 등으로 지나간 일임이 명확한 경우에는 단순 과거 동사를 사용하시면 된답니다.

### ☞ 패턴 꽉!

● **¿Qué hiciste el fin de semana pasado?**
께   이씨스떼  엘  핀  데     세마나      빠사도

지난 주말에 뭐했어요?

> 📻 · hacer 동 하다　　· fin de semana pasado 명 지난 주말

● **¿Tomaste la medicina anoche?**
또마스떼  라     메디씨나     아노체

어젯밤에 약 먹었어?

> 📻 · tomar 동 먹다　　· medicina 명 약　　· anoche 명 어젯밤

● **Vivimos en Perú el año pasado.**
비비모스  엔   뻬루  엘  아뇨    빠사도

우리는 작년에 페루에 살았다.

> 📻 · vivir 동 살다　　· año pasado 명 작년

### ☞ 문법 더하기!

단순 과거 동사

현재 완료가 hoy (오늘), este (이번) 등 현재성을 띤 어휘들과 함께 쓰였다면, 단순 과거는 ayer (어제), pasado (지난) 등 과거성을 가진 어휘들과 함께합니다. 1인칭 복수형은 현재 동사와 어미 변화가 동일하다는 특징이 있답니다. 주요 불규칙 동사 변화도 잘 암기해 주세요.

| 단순 과거 동사 규칙 변화형 | |
|---|---|
| - ar | - é / - aste / - ó / - amos / - asteis / - aron |
| - er & - ir | - í / - iste / - ió / - imos / - isteis / - ieron |

| 단순 과거 주요 불규칙 변화형 | |
|---|---|
| ser ~이다 & ir 가다 | fui – fuiste – fue – fuimos – fuisteis -fueron |
| estar ~이다, 있다 | estuve – estuviste – estuvo – estuvimos – estuvisteis - estuvieron |
| tener 가지다 | tuve – tuviste – tuvo – tuvimos – tuvisteis - tuvieron |
| hacer 하다 | hice – hiciste – hizo – hicimos – hicisteis - hicieron |
| querer 원하다 | quise – quisiste – quiso – quisimos – quisisteis - quisieron |

**El fin de semana pasado Samuel y Ana fueron al zoo.**

엘 핀 데 세마나 빠사도 사무엘 이 아나 푸에론 알 쏘오

지난 주말에 사무엘과 아나는 동물원에 갔다.

· fin de semana 몡 주말 · pasado 혱 지난 · ir 통 가다 · zoo 몡 동물원

**La semana pasada, pasamos en el mar.**

라 세마나 빠사다 빠사모스 엔 엘 마르

지난주에 우리는 바다에서 시간을 보냈다.

· pasar 통 (시간·상황을) 보내다 · mar 몡 바다

**¿Ayer estuvisteis en el bosque con los perros?**

아예르 에스뚜비스떼이스 엔 엘 보스께 꼰 로스 뻬로스

어제 너희 강아지들과 함께 숲에 있었니?

· ayer 몡 어제 · estar 통 이다, 있다 · bosque 몡 숲 · perro 몡 강아지, 개

**El mes pasado tuve novio pero ahora no.**

엘 메스 빠사도 뚜베 노비오 뻬로 아오라 노

지난달에는 나는 남자친구가 있었지만 지금은 아니다.

· hasta 뷔 ~까지 · mes 몡 달, 월 · pasado 혱 지난 · tener 통 가지다 · novio 몡 애인

**Anoche Rafael quiso dormir pero no pudo.**

아노체 르라파엘 끼소 도르미르 뻬로 노 뿌도

어젯밤에 라파엘은 자고 싶었지만 그럴 수 없었다.

· anoche 몡 어젯밤 · querer 통 원하다 · dormir 통 자다 · poder 통 ~ 할 수 있다

**El lunes pasado hubo truenos así que hizo mal tiempo.**

엘 루네스 빠사도 우보 뚜루에노스 아씨 께 이쏘 말 띠엠뽀

지난 월요일에는 천둥이 쳐서 날씨가 안 좋았다.

· hay 통 있다 · trueno 몡 천둥 · hacer 통 날씨가 ~이다

암기한 바를 쓰고 소리내어 읽어보아요.

**1** 지난 주말에 뭐했어요?

_____

**2** 우리는 작년에 페루에 살았다.

_____

**3** 지난 주말에 사무엘과 아나는 동물원에 갔다.

_____

**4** 지난달에는 나는 남자친구가 있었지만 지금은 아니다.

_____

**5** 지난주에 우리는 바다에서 시간을 보냈다.

_____

**6** 어제 너네 강아지들과 함께 숲에 있었니?

_____

**7** 지난 월요일에는 천둥이 쳐서 날씨가 안 좋았다.

_____

정답

1 ¿Qué hiciste el fin de semana pasado?    2 Vivimos en Perú el año pasado.

3 El fin de semana pasado Samuel y Ana fueron al zoo.    4 El mes pasado tuve novio pero ahora no.

5 La semana pasada, pasamos en el mar.    6 ¿Ayer estuvisteis en el bosque con los perros?

7 El lunes pasado hubo truenos así que hizo mal tiempo.

제시된 어휘를 참고하여 실력을 쌓아요.

**1** 지난달에는 나는 직장인이었지만 지금은 아니다.

• empleado 직장인

---

**2** Silvia와 Juan은 3달 전에 결혼했다.

• casarse 결혼하다

---

**3** 세계 제2차 대전은 1939년에 발발됐다.

• estallar 발발하다 • guerra mundial 세계 대전

---

**4** 그들은 그것을 어제 알았다.

• saber 알다(yo-supe)

---

**5** 언제 그가 너에게 장미 꽃다발을 줬니?

• dar 주다(yo-di) • ramo de rosas 장미 꽃다발

---

**6** 어젯밤에 그녀가 너에게 뭐라고 했니?

• decir 말하다(yo-dijo)

---

**7** 지난주에 인터넷으로 화장품을 주문했는데 아직 안 왔다.

• pedir 주문하다(yo pedí) • llegar 도착하다

---

**정답**

1 El mes pasado fui empleado pero ahora no.  2 Silvia y Juan se casaron hace tres meses.

3 La segunda guerra mundial estalló en el año 1939.  4 Ellos lo supieron ayer.

5 ¿Cuándo te dio el ramo de rosas?  6 ¿Qué te dijo anoche?

7 Pedí los cosméticos por internet la semana pasada pero todavía no llegaron.

# 46 스페인에서 종종 살사를 배우곤 했어요.
불완료 과거

- 현재 완료와 단순 과거의 쓰임은 구분이 잘 되나요? 그런데 단순 과거와 비교되는 동사 형태가 또 하나 있답니다! 바로 불완료 과거인데요. 명칭 그대로 아직 완료되지 않은 뉘앙스로 사용하는 동사랍니다. 때문에 과거의 상황을 묘사하거나 과거의 습관을 나타낼 때 주로 사용합니다. 지속성을 띤다는 점에서는 현재 완료와 유사한 면이 있지만 불완료 과거는 현재성을 가지지는 않기 때문에 이미 명백히 지나간 과거를 묘사하거나 나타낼 때 사용해준다는 차이점이 있습니다.

### ● Aprendía a bailar salsa en España de vez en cuando.
아쁘렌디아 아 바일라르 살사 엔 에스빠냐 데 베쓰 엔 꽌도

스페인에서 종종 살사를 배우곤 했었어요.

> · aprender a 통 ~하는 것을 배우다 · bailar 통 춤추다 · de vez en cuando 부 종종

### ● Íbamos al parque todos los fines de semana.
이바모스 알 빠르께 또도스 로스 피네스 데 세마나

우리는 주말마다 공원에 가곤 했었다.

> · ir 통 가다 · parque 명 공원 · fin de semana 명 주말

### ● Cuando tenía 19 años, me enamoré por primera vez.
꽌도 떼니아 디에씨누에베 아뇨스, 메 에나모레 뽀르 쁘리메라 베스

내가 19살 때, 첫사랑에 빠졌다.

> · enamorarse 통 사랑에 빠지다 · por primera vez 부 처음으로

불완료 과거 동사 ( 현재완료 Vs. 단순과거 Vs. 불완료 과거 )

불완료 과거(반과거)는 과거의 일정 기간 동안 지속된 행위와 상태 또는 과거의 습관과 상황 묘사와 감정 표현 그리고 과거의 나이와 시간을 표현합니다. 불규칙형은 ser (~이다), ir (가다), ver (보다) 동사 단 3개뿐이니 힘내서 동사 변화를 암기해 봅시다!

| 불완료 과거 동사 규칙 변화형 | |
|---|---|
| - ar | - aba / - abas / - aba / - ábamos / - abais / - aban |
| - er & - ir | - ía / - ías / - ía / - íamos / - íais / - ían |

| 불완료 과거 주요 불규칙 변화형 | |
|---|---|
| ser ~이다 | era – eras – era – éramos – erais - eran |
| ir 가다 | iba – ibas – iba – íbamos – ibais – iban |
| ver 보다 | veía – veías – veía – veíamos – veíais - veían |

| 현재 완료 | 단순 과거 | 불완료 과거 |
|---|---|---|
| 현재와 관련한 가까운 과거 | 이미 지나가고 종결된 과거 | 일정 기간 동안의 지속된 과거 |
| 현재성을 띄는 어휘와 사용 | 과거성을 띄는 어휘와 사용 | 습관, 감정, 나이, 시간 등의 묘사 |
| 과거 경험도 표현하는 과거 | 시작과 끝이 확실한 과거 | 시작과 끝이 불확실한 과거 |

## Cuando lo vi, estaba enfermo.
꽌도 로 비 에스따바 엔페르모

내가 그를 봤을 때, 그는 아팠었다.

· cuando 부 ~했을 때 · ver 동 보다 · estar 동 ~이다, 있다 · enfermo 형 아픈

## Daba un paseo todas las mañanas.
다바 운 빠세오 또다스 라스 마냐나스

나는 아침마다 산책을 하곤 했었다.

· dar un paseo 숙 산책하다 · mañana 명 내일, 아침

## El cielo estaba gris y llovía bastante.
엘 씨엘로 에스따바 그리스 이 요비아 바스딴떼

그 당시 하늘은 회색빛이었고 비가 꽤 오고 있었다.

· cielo 명 하늘 · estar 동 ~이다, 있다 · llover 동 비가 오다 · bastante 부 꽤, 충분히

## Cuando éramos pequeños, escuchábamos historias de la biblia.
꽌도 에라모스 뻬께뇨스 에스꾸차바모스 이스또리아스 델 라 비블리아

우리가 어렸을 때 성경 이야기를 듣곤 했었다.

· pequeño 형명 작은, 어린 아이, 꼬마 · escuchar 동 듣다 · cuento 명 이야기 · bibla 명 성경

## Eran las diez de la noche cuando entré en casa.
에란 라스 디에스 델 라 노체 꽌도 엔뜨레 엔 까사

집에 들어왔을 때 밤 10시였다.

· noche 명 밤 · cuando 부 ~할 때 · entrar 동 들어가다, 입장하다

## Hacía mucho calor cuando estuve en Chile.
아씨아 무초 깔로르 꽌도 에스뚜베 엔 칠레

내가 칠레에 있는 동안 아주 더웠었다.

· hacer 동 하다, 만들다, ~하게 하다 · calor 명 더위 · durante 부 ~하는 동안에

· 277

암기한 바를 쓰고 소리내어 읽어보아요.

**1** 스페인에서 종종 살사를 배우곤 했었어요.

_____

**2** 내가 19살 때, 첫사랑에 빠졌었다.

_____

**3** 나는 아침마다 산책을 하곤 했었다.

_____

**4** 내가 그를 봤을 때, 그는 아팠었다.

_____

**5** 그 당시 하늘은 회색빛이었고 비가 꽤 오고 있었다.

_____

**6** 우리가 어렸을 때 성경 이야기를 듣곤 했었다.

_____

**7** 내가 칠레에 있는 동안 아주 더웠었다.

_____

---

### 정답

1 Aprendía a bailar salsa en España de vez en cuando.

2 Cuando tenía 19 años, me enamoré por primera vez.    3 Daba un paseo todas las mañanas.

4 Cuando lo vi, estaba enfermo.    5 El cielo estaba gris y llovía bastante.

6 Cuando éramos pequeños, escuchábamos historias de la Biblia.

7 Hacía mucho calor cuando estuve en Chile.

제시된 어휘를 참고하여 실력을 쌓아요.

**1** 나는 어렸을 때 김치를 안 먹었었다.

* de niño 어렸을 때

---

**2** 광장에서 누구를 기다리고 계셨어요?

* plaza 광장 ・ esperar 기다리다

---

**3** 그 당시 그녀는 매우 말랐었고 피곤해 보였었다.

* delgado 마른 ・ cansado 피곤한

---

**4** 너 그 시간에 뭐 하고 있었니?

* a esas horas 그 시간에

---

**5** Perú에 있었을 때 여행을 많이 하곤 했었다.

* viajar 여행하다

---

**6** 그녀는 26살 때 여전히 대학교에 다녔었다.

* asistir / frecuentar 다니다

---

**7** 그녀들은 일요일마다 교회에 나가곤 했었다.

* iglesia 교회

---

정답

① De niño, no comía Kimchi. ② ¿A quién esperaba en la plaza?

③ En aquel entonces era muy delgada y parecía cansada. ④ ¿Qué hacías a esas horas?

⑤ Cuando estaba en Perú, viajaba mucho.

⑥ Cuando tenía 26 años, todavía frecuentaba la universidad. ⑦ Iban a la iglesia todos los domingos.

주말 문답

Lila

¿Qué hiciste el fin de semana pasado?
께　이씨스떼 엘　핀 데　　세마나　　빠사도?

지난 주말에 뭐했어?

Pasé con mi familia tranquilamente. ¿Y tú?
빠쎄　꼰　미　파밀리아　　　뜨란낄라멘떼.　이 뚜?

가족들이랑 조용히 보냈어. 너는?

Dino

Lila

Subí a la montaña hasta el pico.
수비 알 라　　몬따냐　아스따 엘　삐꼬.

¡Y la vista era maravillosa!
이 라　비스따　에라　　마라비요사!

정상까지 등산을 했어. 전망이 경이로웠어!

¡Suena fantástico! ¡La próxima vez vamos juntos!
수에나　판따스띠꼬!　라　쁘록시마　베스　바모스　훈또스!

환상적으로 들린다! 다음에는 같이 가자!

Dino

- **주말에 뭐했니?**

¿Qué hiciste el fin de semana pasado?
께      이씨스떼 엘  핀  데      세마나      빠사도?

지난 주말에 뭐했어?

¿Qué te pasaba durante el fin de semana pasado?
께  떼    빠사바      두란떼 엘 핀 데      세마나      빠사도?

지난 주말 동안 무슨 일 있었니?

¿Lo pasaste bien el fin de semana pasado?
로    빠사스떼    비엔  엘  핀  데      세마나      빠사도?

지난 주말은 잘 보냈니?

¿No había nada especial el fin de semana pasado?
노    아비아    나다    에스뻬시알 엘 핀 데      세마나      빠사도?

지난 주말에 별일 없었니?

Quiero escuchar cómo pasaste el fin de semana pasado.
끼에로      에스꾸차르      꼬모    빠사스떼 엘 핀 데      세마나      빠사도

지난 주말은 어떻게 보냈는지 듣고 싶어.

**47** 그땐 제가 이미 지갑을 잃어버렸었어요.
대과거

 **포인트 콕!**

• 과거 동사의 끝판왕! 대과거를 배워보도록 하겠습니다! 대과거는 과거완료라고도 불리듯이 과거보다 더 이전에 완료된 과거를 나타낼 때 사용하는 동사입니다. 즉, '과거 앞의 과거'라고 볼 수가 있습니다. haber 동사의 불완료과거 동사 변화에 과거분사(p.p)를 붙여서 사용한답니다. 아래의 예시를 통해 확인해볼까요?

**패턴 콕!**

● **Ya había perdido la cartera entonces.**
야  아비아  뻬르디도 라  까르떼라  엔똔세스
그땐 이미 지갑을 잃어버렸었어요.

> • ya 부 이미, 벌써  • perder 동 잃다, 잃어버리다  • cartera 명 지갑  • entonces 부 그때(에)

● **Cuando llegué al banco, ya había cerrado.**
꽌도  예게 알  방꼬,  야  아비아  쎄르라도
은행에 도착했을 때 이미 닫혀있었다.

> • llegar 동 도착하다  • banco 명 은행  • cerrar 동 닫다

● **Estaba agotado porque había caminado mucho.**
에스따바  아고따도  뽀르께  아비아  까미나도  무초
나는 많이 걸었었기에 지쳐있었다.

> • agotado 형 지친, 고갈된  • caminar 동 걷다

**문법 더하기!**

대과거(과거 완료) 동사

대과거(과거 완료) 동사는 과거에 발생한 어떤 일(행동)보다 먼저 일어난 일(행동)을 표현해주기 때문에 대과거(과거 완료)만 단독으로 사용되기보다는 두 개의 시제와 함께 사용하는 경우가 많습니다. 또한, 단독으로 사용될 때에는 'ya (이미)' 등과 같은 부사와 함께 사용하는 편입니다.

| haber 동사의 불완료 과거 | 과거 분사 (P.P) |
|---|---|
| había – habías – había – habíamos – habíais - habían | -ado [-ar형] / - ido [-er/ir형] |

| 주요 불규칙 과거 분사 (P.P) | | | |
|---|---|---|---|
| abrir 열다 | abierto | poner 놓다 | puesto |
| decir 말하다 | dicho | romper 깨다 | roto |
| escribir 쓰다 | escrito | ver 보다 | visto |
| hacer 하다 | hecho | volver 돌아가다 | vuelto |

# Cuando llegamos a la playa, había parado de llover.
꽌도 예가모스 알 라 쁠라야 아비아 빠라도 데 요베르
우리가 해변에 도착했을 때, 비 오는 것이 멈췄다. (도착하기 전에 이미 비가 멈춰있었음.)

- **llegar** 동 도착하다    - **playa** 명 해변    - **parar** 동 멈추다, 정지하다

# A las diez ya había ocurrido el accidente.
알 라스 디에스 야 아비아 오꾸리리도 엘 악씨덴떼
열 시에 이미 그 사고는 발생했었다.

- **ocurrir** 동 발생하다    - **accidente** 명 사고

# Cuando nos dimos cuenta de eso, ya había descubierto la verdad.
꽌도 노스 디모스 꾸엔따 데 에소 야 아비아 데스꾸비에르또 라 베르닫
우리가 그것을 알아차렸을 때 이미 진실이 밝혀졌다.

- **darse cuenta de** 숙 깨닫다, 알아차리다    - **descubrir** 동 밝혀지다, 드러나다

# Hasta ese día, nunca me había contradicho.
아스따 에세 디아 눈까 메 아비아 꼰뜨라디초
그 날까지 그는 절대로 나에게 반론하지 않았었다.

- **contradecir** 동 반론하다, 부인하다

# A pesar de su éxito, no había obtenido la felicidad.
아 뻬사르 데 수 엑시또 노 아비아 옵떼니도 라 펠리시닫
그의 성공에도 불구하고, 그는 행복을 얻지는 못했었다.

- **a pesar de** 부 ~에도 불구하고    - **obtener** 동 얻다, 획득하다    - **felicidad** 명 행복

# Nos dijeron que no les había gustado el teatro.
노스 디헤론 께 놀 레스 아비아 구스따도 엘 떼아뜨로
그들은 우리에게 그 연극이 마음에 들지 않았었다고 말했다.

- **decir** 동 말하다    - **gustar** 동 좋아하다 (즐거움을 주다)    - **teatro** 명 연극

암기한 바를 쓰고 소리내어 읽어보아요.

**1** 그땐 이미 지갑을 잃어버렸었어요.

_____

**2** 나는 많이 걸었었기에 지쳐있었다.

_____

**3** 우리가 해변에 도착했을 때, 비 오는 것이 멈췄다.

_____

**4** 우리가 그것을 알아차렸을 때 이미 진실이 밝혀졌다.

_____

**5** 그 날까지 그는 절대로 나에게 반론하지 않았었다.

_____

**6** 그들은 우리에게 그 연극이 마음에 들지 않았었다고 말했다.

_____

**7** 그의 성공에도 불구하고, 그는 행복을 얻지는 못했었다.

_____

_____

---

**정답**

1 Ya había perdido la cartera entonces.  　2 Estaba agotado porque había caminado mucho.

3 Cuando llegamos a la playa, había parado de llover.

4 Cuando nos dimos cuenta de eso, ya había descubierto la verdad.

5 Hasta ese día, nunca me había contradicho.  　6 Nos dijeron que no les había gustado el teatro.

7 A pesar de su éxito, no había obtenido la felicidad.

**1** Pablo가 도착했을 때, 나는 아직 과제를 마치지 못했었다.

> • terminar 마치다

**2** Jorge는 모임에 참가하기 전에 자료를 검토했었다.

> • asistir a ~에 참여하다   • examinar 검토하다

**3** 너희가 전화했을 때 Rosa는 이미 준비를 시작했었다.

> • llamar 전화하다   • empezar a ~하기 시작하다

**4** 스페인에 가기 전에는 보카디요(Bocadillo)를 먹어본 적이 없었다.

> • probar 시도하다 먹어보다

**5** 그에게 그 소식을 말했을 때 이미 그것을 알고 있었다.

> • decir 말하다   • saber 알다

**6** 나는 그 영화를 보기 전에 이미 책을 읽었었다.

> • ver 보다   • leer 읽다

**7** 내가 역에 도착했을 때 이미 기차가 떠났었다.

> • partir 출발하다

---

정답

1 Cuando Pablo llegó, no había terminado los deberes.

2 Jorge había examinado los datos antes de asistir a la reunión.

3 Cuando la llamasteis, Rosa había empezado a prepararse.

4 Nunca habíamos probado bocadillo antes de ir a España.    5 Cuando le dije la noticia, ya lo había sabido.

6 Antes de ver la película, ya había leído el libro.   7 Cuando llegué a la estación ya había partido el tren.

# 48 네가 온다면, 나는 기쁠 거야.

si 가정문과 미래 동사

  **포인트 콕!**

- 스페인어로 가까운 미래의 계획을 나타내는 'ir a inf.' 표현이 영어로 'be going to inf.'이라면, 미래 동사는 미래에 대한 의지(will)를 확실하게 표현하거나 현재를 추측하는 역할을 담당합니다. 스페인어 미래 동사는 모든 동사군 −ar/−er/−ir형 동사원형 뒤에 '−é/ás/á/emos/éis/án'을 붙여서 간단히 사용하실 수 있습니다. 또한, yes라는 의미의 sí는 악센트가 사라져 si가 되면 영어의 if 혹은 whether처럼 '만일 ~라면' 혹은 '~인지 아닌지'라는 의미로 사용합니다.

**패턴 꽉!**

### Si vienes mañana, estaré feliz.
씨　비에네스　　　마냐나　에스따레　펠리스

네가 내일 온다면, 나는 행복할 거야.

**단어** · venir 동 오다 · mañana 동 내일, 아침 · estar 동 이다, 있다 · feliz 형 행복한

### Lo decidiré mañana.
로　　데씨디레　　　마냐나

내일 그것을 결정하겠습니다.

**단어** · decidir 동 결정하다 · hasta 부 ~까지 · mañana 명 내일, 아침

### Serán las dos de la tarde en Perú.
세란 라스 도스 델 라 따르데 엔 뻬루

페루는 오후 2시일 것이다.

**단어** · ser 동 이다 · tarde 명 오후

**문법 더하기!**

미래 동사

미래 동사는 모든 동사의 동사원형에 미래 동사 어미를 붙여서 미래에 대한 확실한 의지 혹은 현재를 추측하는 표현으로 사용합니다. 불규칙 동사변화도 잘 기억해주세요.

| - ar / er / ir 규칙형 미래 동사 | | | |
|---|---|---|---|
| - ar / er / ir 의 동사원형 | | + −é / ás / á / emos / éis / án | |
| decir 말하다 | dir- | querer 원하다 | querr- |
| haber 가지다 | habr- | saber 알다 | sabr- |
| hacer 하다 | har- | salir 나가다 | saldr- |
| poder 할 수 있다 | podr- | tener 가지다 | tendr- |
| poner 놓다 | pondr- | venir 오다 | vendr- |

# No lloverá pasado mañana.
노　　　　요베라　　　　빠사도　　　　마냐나

내일모레는 비가 오지 않을 것이다.

- **llover** 동 비가 오다　　- **pasado mañana** 명 내일모레


# Volverán el próximo fin de semana.
볼베란 엘　　　쁘록씨모　핀　데　　　세마나

그들은 다음 주말에 돌아올 거예요.

- **volver** 동 돌아오다　　- **próximo** 형부 다음의


# ¿Lo sabrá Enrique?
로　　사브라　　　엔리께

엔리께가 그것을 알까?

- **saber** 동 알다


# Se lo diremos a Raúl.
셀 로　　　디레모스 아　　르라울

우리는 그것을 라울에게 말할 것이다.

- **decir** 동 말하다


# Si hacemos esfuerzos, tendremos éxito después de 3 años.
씨　　아쎄모스　　에스푸에르쏘스　　　　뗀드레모스　엑씨또　데스뿌에스 데 뜨레스 아뇨스

열심히 노력한다면 3년 후에 성공할 것이다.

- **hacer** 동 하다　　- **tener éxito** 숙 성공하다


# Este año será un año estupendo.
에스떼　아뇨　세라　운　아뇨　　　에스뚜뻰도

올해는 아주 멋진 해가 될 것이다.

- **año** 명 해, 년　　- **extupendo** 형 멋진

암기한 바를 쓰고 소리내어 읽어보아요.

**1** 네가 내일 온다면, 나는 행복할 거야.

_____

**2** 내일 모레는 비가 오지 않을 것이다.

_____

**3** 엔리께가 그것을 알까?

_____

**4** 우리는 그것을 라울에게 말할 것이다.

_____

**5** 열심히 노력한다면 3년 후에 모두가 성공할 것이다.

_____

**6** 그들은 다음 주말에 돌아올 거예요.

_____

**7** 올해는 아주 멋진 해가 될 것이다.

_____

정답

1 Si vienes mañana, estaré feliz.　　2 No lloverá pasado mañana.

3 ¿Lo sabrá Enrique?　　4 Se lo diremos a Raúl.

5 Si hacemos esfuerzos, todos tendrán éxito después de 3 años.

6 Volverán el próximo fin de semana.　　7 Este año será un año estupendo.

**1** 너와 함께라면 인생은 아름다울 거야.

• vida 인생  • hermosa 아름다운

---

**2** 그 아이들은 좋은 사람들이 될 것이다.

• persona 사람  • bueno 좋은

---

**3** 이번 주 토요일에 (여자)조카가 올 것이다.

• sobrino 조카

---

**4** 나는 영원히 너를 사랑할 거야.

• para siempre 영원히

---

**5** 그 프로젝트가 실현 가능할까요?

• proyecto 프로젝트  • realizar 실현하다

---

**6** 이번 파티에 그녀들은 검정 원피스를 입을 것이다.

• ponerse 입다  • vestido 원피스

---

**7** 내일 눈이 올지 안 올지 모르겠다.

• nevar 눈이 오다

---

**정답**

1 Si estoy contigo, la vida será hermosa.  2 Los chicos serán buenas personas.
3 Vendrá la sobrina este sábado.  4 Te querré para siempre.
5 ¿Podrá realizar el proyecto?  6 En esta fiesta se pondrán los vestidos negros.
7 No sé si nevará mañanao no.

여행 (휴가) 문답

Dino

¿Qué vas a hacer estas vacaciones?

께 바스 아 아쎄르 에스따스 바까시오네스?

이번 휴가(방학) 때 뭐할 거야?

Voy a viajar por España con mi familia.

보이 아 비아하르 뽀르 에스빠냐 꼰 미 파밀리아

가족과 함께 스페인 여행을 갈 거야.

Lila

Dino

¡Qué estupendo! Es que he estado en Sevilla y era una ciudad hermosísima.

께 에스뚜뻰도! 에스 께 에 에스따도 엔 세비야 이 에라 우나 씨우닫 에르모시시마

멋지다! 나 세비야에 가봤는데 정말 아름다운 도시였어.

¿Verdad? Espero que tengamos recuerdos bonitos.

베르닫? 에스뻬로 께 뗑가모스 레꾸에르도스 보니또스

정말? 우리도 예쁜 추억을 많이 가지길 희망해.

Lila

## • 여행 (휴가) 회화

### ¿Qué vas a hacer estas vacaciones?
께 바스 아 아쎄르 에스따스 바까시오네스?

이번 휴가(방학) 때 뭐할 거야?

### Todavía no tengo ningún plan.
또다비아 노 뗑고 닌군 쁠란

나 아무 계획도 아직 없어.

### No sé. ¿Qué debería hacer? ¿Me recomienda algo?
노 쎄. 께 데베리아 아쎄르? 메 레꼬미엔다 알고?

모르겠어. 뭘 해야 할까? 내게 추천해 주겠니?

### ¡Estas vacaciones aprobaré el examen DELE!
에스따스 바까시오네스 아쁘로바레 엘 엑싸멘 델레!

이번 방학(휴가) 때 델레 시험에 합격할 거야!

### ¿Has estado en Perú alguna vez? Necesito consejo.
아스 에스따도 엔 뻬루 알구나 베쓰? 네세씨또 꼰세호

페루에 있어 본 적 있니? 나 조언이 필요해.

# 49 당신이 인생을 즐기면서 사시길 바랍니다.

명령법

## 포인트 콕!

• 스페인어로 명령뿐만 아니라 청원이나 부탁을 할 때 사용할 수 있는 명령법을 배워보도록 하겠습니다! 스페인어 명령법은 접속법이라는 문법 형태로 사용하는데요, 접속법의 동사변화는 독특하게 -ar형 동사는 -er/-ir형 동사변화로, -er/-ir형 동사는 -ar형 동사변화로 크로스 되는 모습을 가지고 있답니다. 그래서 따로 암기하실 것은 많지 않고 반대로 동사변화를 사용해 주시면 되세요.

## 패턴 꽉!

**Viva la vida disfrutando.**
비바 라 비다 디스푸르딴도

즐기는(누리는) 인생을 사세요.

단어 • **vivir** 동 살다 • **vida** 명 인생 • **disfrutando** 형 즐기는, 누리는

**No bebas más desde ahora.**
노 베바스 마스 데스데 아오라

지금부터 더 마시지 마.

단어 • **beber** 동 (주로 주류) 마시다 • **desde** 부 ~부터 • **ahora** 명 지금

**No entre, por favor.**
노 엔뜨레 뽀르 파보르

들어가지 마시오.

단어 • **entrar** 동 들어가다

## 문법 더하기!

명령법과 접속법

스페인어 접속법은 본래 희망이나 바램을 나타낼 때 주로 사용하는 문법인데요, 이번 시간에는 동사 변화 형태만 잘 익혀서 명령법에 활용하고 다음 시간에 접속법의 구체적인 쓰임과 활용을 배워보도록 할게요.

· 긍정 명령

| | | | |
|---|---|---|---|
| 단수 | - | habla / come / vive | hable / coma / viva |
| 복수 | hablemos / comamos / vivamos | hablad / comed / vivid | hablen / coman / vivan |

· 부정 명령 법칙

| | | | |
|---|---|---|---|
| 설명 | -2인칭 단 · 복수 → 접속법 2인칭 단 · 복수 | 재귀대명사는 부정명령일 때 동사 앞에 놓임 | 직접목적어와 간접목적어도 동사 앞 위치 |
| 예시 | hablad → no habléis | cómate → no te comas | cómalo → no lo comas |

· 그 외 주요 명령법 불규칙 동사들

| | | | | | | | |
|---|---|---|---|---|---|---|---|
| decir 말하다 | di- | ir 가다 | ve- | ser 이다 | sé | tener 가지다 | ten- |
| hacer 하다 | haz- | poner 놓다, 두다 | pon- | salir 나가다 | sal- | venir 오다 | ven- |

# Me habla más despacio, por favor.
메 아블라 마스 데스빠시오 뽀르 파보르

제게 더 천천히 말해주세요.

• hablar 동 말하다  • despacio 부 천천히, 느릿느릿

# Cómprame una cerveza.
꼼쁘라메 우나 세르베싸

내게 맥주 한 잔 사줘.

• comparar 동 사다  • cerveza 명 맥주

# Hazlo como te digo.
아쓸로 꼬모 떼 디고

내가 네게 말한 것처럼 그것을 해라.

• hacer 동 하다  • decir 동 말하다

# Salgan inmediatamente de aquí.
살간 인메디아따멘떼 데 아끼

여기서 즉시 나가십시오.

• salir 동 나가다  • inmediatamente 부 즉시

# Si quieres pasar unas vacaciones fantásticas, piensa positivamente.
씨 끼에레스 빠사르 우나스 바까시오네스 판따스띠까스 삐엔사 뽀시띠바멘떼

환상적인 휴가를 보내고 싶다면, 긍정적으로 생각해라.

• pasar 동 보내다  • fantástico 형 환상적인  • pensar 동 생각하다  • positivamente 부 긍정적으로

# ¡Escuchen atentamente, por favor!
에스꾸첸 아뗀따멘떼 뽀르 파보르

주의 깊게 들어주세요!

• escuchar 동 듣다  • atentamente 부 주의 깊게

암기한 바를 쓰고 소리내어 읽어보아요.

**1** 인생을 즐겁게 사세요.

_____

**2** 제게 더 천천히 말해주세요.

_____

**3** 지금부터 더 마시지 마.

_____

**4** 주의 깊게 들어주세요!

_____

**5** 여기서 즉시 나가십시오.

_____

**6** 내가 네게 말한 것처럼 그것을 해라.

_____

**7** 환상적인 휴가를 보내고 싶다면, 긍정적으로 생각해라.

_____

---

**정답**

1 Viva la vida disfrutando.　　　　　2 Me habla más despacio, por favor.

3 No bebas más desde ahora.　　　　4 ¡Escuchen atentamente, por favor!

5 Salgan inmediatamente de aquí.　　6 Hazlo como te digo.

7 Si quieres pasar unas vacaciones fantásticas, piensa positivamente.

**1** 제발 나에게 진실을 말해줘.

• verdad 사실, 진실

---

**2** 하루에 성경을 3장씩은 읽어라.

• al día 하루에  • leer 읽다  • al menos 최소한

---

**3** 영어로 말씀 부탁드려요.

• inglés 영어  • hablar 말하다

---

**4** 저를 친절하게 대해주세요.

• amablemente 친절하게  • tratar 대하다, 대우하다

---

**5** 여기서 담배 피우지 마시오.

• fumar 흡연하다

---

**6** 큰 소리로 떠들지 마시오.

• en voz alta 큰 목소리로  • hablar 말하다

---

**7** 내부에서 사진 촬영을 하지 마시오.

• sacar fotos 사진 찍다  • interior 내부

---

정답

① Dime la verdad, por favor.  ② Lee la bibla cada tres páginas al día al menos.

③ Habla/hable en inglés, por favor.  ④ Me trate amablemente, por favor.

⑤ No fumes/fumen aquí.  ⑥ No hable/hablen en voz alta.

⑦ No saques/saquen fotos en el interior.

# 50

## 앞으로 당신이 항상 행복하기만을 바라요.
### 접속법 활용

👆 **포인트 콕!**

• 스페인어의 접속법은 불확실한 상황 속에서의 희망, 기원, 명령, 조언, 충고, 금지, 가능, 불가능 등을 나타내기에 esperar(기대하다), querer(원하다), desear(바라다), pensar(생각하다), creer(믿다, 생각하다) 등과 같은 해당 의미의 동사들과 자주 사용되는 문법 형태입니다. 구체적으로 무엇에 대해 말을 하는 것인지 que(영어의 that절)를 통해서 설명을 더 해주는데 보통 주절의 주어와 종속절의 주어가 다를 경우 사용합니다.

👆 **패턴 꽉!**

● **Espero que estés feliz siempre.**
　에스뻬로　　께 에스떼스 펠리스　　　시엠쁘레
　　　　　　나는 네가 항상 행복하기를 원해. (그럴지 안 그럴지는 확실하지 않지만)

　단어 • **esperar** 동 기대하다, 기다리다　• **siempre** 부 항상

● **Quiero que haga fresco.**
　끼에로　　께　아가　　프레스꼬
　　　　　　날씨가 선선하기를 원한다. (그럴지 안 그럴지 모르겠지만)

　단어 • **querer** 동 원하다　• **hacer** 동 하다, 만들다, ~하게 하다, 날씨가 ~이다

● **Pienso que apruebe el DELE.**
　삐엔소　　께　아쁘루에베　엘　　델레
　　　　　　델레에 합격할 거라고 생각한다. (그럴 수도 있고 아닐 수도 있겠지만)

　단어 • **pensar** 동 생각하다　• **DELE** 동 스페인어 국제 공인 자격증

\* DELE(Diploma de Español como Lengua Extranjera)

👆 **문법 더하기!**

명령법과 접속법

접속법은 현재 명확히 발생한 상황이나 상태를 표현하는 직설법과는 반대되는 개념으로 말하는 사람의 느낌을 반영하기에 의지 동사(희망, 명령, 충고, 사역, 금지, 허락, 선호)와 불확실 & 확실(부정 & 의심) 그리고 감정동사와 함께 사용되며 반드시 주절과 종속절의 주어가 달라야 합니다. 또한, 아직 발생하지 않은 일에 대해 언급하는 특성을 가지고 있지만, 과거형으로도 사용됩니다.

• [직설법] Quiero hacerlo.　　　　　　　　나는 그것을 하고 싶다.
　→ 주절과 종속절의 주어가 동일함

• [접속법] Quiero que lo hagas tú.　　　　나는 네가 그것을 하기를 원한다.
　→ 주절과 종속절의 주어가 다름

• 항상 접속법으로만 사용하는 부사절 : a menos (de) que (~하지 않는 한), antes (de) que (~하기 전에), con tal (de) que (~하는 조건으로, ~하면), en caso de que (~의 경우에), para que (~하기 위해), sin que (~함이 없이), ojalá (~하면 좋겠다)

# No es cierto que ella venga hoy.
노 에스   씨에르또   께   에야   벤가   오이

오늘 그녀가 올지 불확실하다.

· cierto 형 확실한   · venir 동 오다

# Necesito una persona que hable español.
네쎄시또   우나   빼르쏘나   께   하브레   에스빠뇰

스페인어를 구사하는 사람을 필요로 한다.

· necesitar 동 필요로 하다

# No creemos que ellos lleguen temprano.
노   끄레에모스   께   에요스   예겐   뗌쁘라노

우리는 그들이 일찍 도착할 거라고 생각하지 않는다.

· creer 동 생각하다, 믿다   · llegar 동 도착하다

# Dudo que Victoria quiera a Salvador.
두도   께   빅또리아   끼에라 아   살바도르

나는 빅토리아가 살바도르를 사랑하는지 의심하고 있다.

· dudar 동 의심하다   · querer 동 원하다, 사랑하다

# Te aconsejo que seas sincero en tu trabajo.
떼   아꼰세호   께   세아스   신쩨로   엔 뚜   뜨라바호

너의 일에 있어서 성실하라고 네게 조언한다. [조언]

· aconsejar 동 조언하다   · sincero 형 성실한, 진실한   · trabajo 명 일, 직장

# Es necesario desayunar para que tenga energía.
에스   네세사리오   데사유나르   빠라   께   뗀까   에네르히아

에너지를 얻기 위해 아침 식사를 하는 것은 필요하다. [목적]

· necesario 형 필요한   · desayunar 동 아침 먹다   · energía 명 에너지

암기한 바를 쓰고 소리내어 읽어보아요.

**1** 나는 네가 항상 행복하기를 원해.

_____

**2** 델레에 합격할 거라고 생각한다.

_____

**3** 스페인어를 구사하는 사람을 필요로 한다.

_____

**4** 에너지를 얻기 위해 아침 식사를 하는 것은 필요하다.

_____

**5** 우리는 그들이 일찍 도착할 거라고 생각하지 않는다.

_____

**6** 오늘 그녀가 올지 불확실하다.

_____

**7** 나는 빅토리아가 살바도르를 사랑하는지 의심하고 있다.

_____

정답

① Espero que estés feliz siempre.　　② Pienso que apruebe el DELE.

③ Necesito una persona que hable español.　　④ Es necesario desayunar para que tenga energía.

⑤ No creemos que ellos lleguen temprano.　　⑥ No es cierto que ella venga hoy.

⑦ Dudo que Victoria quiera a Salvador.

제시된 어휘를 참고하여 실력을 쌓아요.

**1** 봄이 왔으면 좋겠다.

- venir 오다 • ojalá ~하면 좋겠다 • primavera 봄

**2** 네가 시험에 합격하기를 바란다.

- desear 바라다 • aprobar 합격하다 • examen 시험

**3** 너희들에게 나를 도와달라고 요청할게.

- ayudar 돕다 • pedir 요구하다, 요청하다

**4** 우리 부모님은 내게 집에 늦지 말라고 조언하신다.

- llegar 도착하다 • tarde 늦게

**5** 우리는 이번 주말에 출근하지 않기를 바란다.

- trabajar 일하다 • esperar 기대하다, 기다리다

**6** 수업 끝나자마자 나에게 전화해.

- en cuanto ~하자마자 • clase 수업

**7** 설령 태풍이 분다고 하더라도 나는 너를 만나러 갈 거야.

- aunque 비록 ~일지라도 • tormenta 태풍 • encontrar 만나다

---

### 정답

1. ¡Ojalá venga la primavera!　　2. Deseo que apruebes el examen.
3. Os pido que me ayudéis.　　4. Mis padres me aconsejan que no llegue tarde a casa.
5. Esperamos que no vayamos a trabajar este fin de semana.
6. En cuanto termine la clase, llámame.　　7. Aunque haya tormentas, iré a encontrarte.

유용 속담

Lila

Dino, ¿Qué te pasa? Pareces melancólico.
디노, 께 떼 빠사? 빠레쎄스 멜랑꼴리꼬
디노, 무슨 일 있니? 너 우울해 보여.

Es que... no aprobé el examen DELE...
에스 께... 노 아쁘로베 엘 엑싸멘 델레
있지... 나 델레 시험 합격 못 했어...

Dino

Lila

Ay, ¡Qué pena! Pero conoces el dicho 'El que no cae, no se levanta.' ¡Anímate!
아이, 께 뻬나! 뻬로 꼬노세스 엘 디초 '엘 께 노 까에, 노 세 레반따' 아니마떼!
아이고, 안쓰러워라! 하지만 '넘어지지 않는 자는 일어나지 못한다.'라는 속담 알잖아. 힘내!

Es vedad. Voy a animarme. ¡Gracias!
에스 베르닫. 보이 아 아니마르메. 그라시아스!
그렇지. 더 힘을 내볼게. 고마워!

Dino

## • 유용한 속담 표현

El que busca, encuentra.
엘  께  부스까,  엔꾸엔뜨라

찾는 자는 구한다.

El que tiene boca, se equivoca.
엘  께  띠에네  보까,  세  에끼보까

입이 있는 사람은 실수하기 마련이다.

Cuanto más tienes, más quieres.
꽌또  마스  띠에네스,  마스  끼에레스

가지면 가질수록 더 원한다.

Agua que no has de beber, déjala correr.
아구아  께  노  아스  데  베베르,  데할라  꼬르레르

마셔서는 안 될 물은 흘러가게 내버려 두어라.

No vendas la piel antes de cazar al oso.
노  벤다스  라  삐엘  안떼스  데  까사르  알  오소

곰을 잡기도 전에 가죽을 팔지 말라.

El que ambiciona lo ajeno, pronto pierde lo propio.
엘  께  암비씨오나  로  아헤노,  쁘론또  삐에르데  로  쁘로삐오

다른 사람의 것을 탐하는 자는 곧 자신의 것을 잃는다.

**MEMO**

MEMO